·全国高等院校重点规划教材·
·新时代大学生发展核心素养创新教材丛书·

思想道德修养与法律基础
"5G"体验式教程

顾定红　徐宏俊　主编

北京理工大学出版社
BEIJING INSTITUTE OF TECHNOLOGY PRESS

版权专有 侵权必究

图书在版编目（CIP）数据

思想道德修养与法律基础"5G"体验式教程/顾定红，徐宏俊主编．—北京：北京理工大学出版社，2018.8（2019.9重印）

ISBN 978-7-5682-6172-2

Ⅰ.①思⋯ Ⅱ.①顾⋯ ②徐⋯ Ⅲ.①思想修养－高等学校－教学参考资料 ②法律－中国－高等学校－教学参考资料 Ⅳ.①G641.6 ②D920.4

中国版本图书馆 CIP 数据核字（2018）第 190879 号

出版发行 / 北京理工大学出版社有限责任公司	
社　　址 / 北京市海淀区中关村南大街5号	
邮　　编 / 100081	
电　　话 / (010) 68914775（总编室）	
(010) 82562903（教材售后服务热线）	
(010) 68948351（其他图书服务热线）	
网　　址 / http://www.bitpress.com.cn	
经　　销 / 全国各地新华书店	
印　　刷 / 河北盛世彩捷印刷有限公司	
开　　本 / 787 毫米 × 1092 毫米　1/16	
印　　张 / 12	责任编辑 / 李志敏
字　　数 / 285 千字	文案编辑 / 李志敏
版　　次 / 2018 年 8 月第 1 版　2019 年 9 月第 2 次印刷	责任校对 / 周瑞红
定　　价 / 35.00 元	责任印制 / 施胜娟

图书出现印装质量问题，请拨打售后服务热线，本社负责调换

序

《思想道德修养与法律基础"5G"体验式教程》即将付梓，这是积极实践"新时代、新思政"的一项创新成果，我非常高兴并诚致祝贺。

硅湖职业技术学院作为一所民办高校，面对生存危机和特殊学情的严峻挑战，能自加压力，迎难而上，在学院董事会的大力支持下，从2011年起积极探索思政课体验式教学改革，成功打造了"5G"体验式课堂，取得教学和育人效果双提升的成绩，得到学生、家长和社会的一致好评，被省教育厅誉为该院"人才培养工作的亮点与特色之一"。"5G体验式课堂——高校思政教学模式的研究与创新实践"项目还荣获2017年江苏省教学成果奖，实属难能可贵。作为一名长期从事大学生思想政治教育工作的老同志，我由衷感到欣慰和敬佩。

习近平总书记在全国高校思想政治工作会议讲话中指出：高校思想政治工作"要因事而化、因时而进、因势而新。要遵循思想政治工作规律，遵循教书育人规律，遵循学生成长规律。要用好课堂教学这个主渠道，思想政治理论课要坚持在改进中加强，提升思想政治教育亲和力和针对性，满足学生成长发展需求和期待。"他还强调：高校思想政治工作"必须围绕学生、关照学生、服务学生。"我认为，"5G"体验式思政课堂，以"感动度"为核心，以感性导言、感动体验、感悟分享、感恩结语、感奋践行为主线，重构课堂结构、教学模块和学习组织，注重通过激发学生的情感体验，提高学生学习的自觉性和主动性，大大提高了思政教学的亲和力、针对性和有效性，是高校思政课教学模式的大胆创新，完全符合习近平总书记重要讲话的精神。

此次出版的"5G"体验式教程，以教育部新编《思想道德修养与法律基础》教材为基础，贯彻党的十九大和全国高校思想政治工作会议精神，并融入七年理论研究和实践探索的积淀，突出"5G"特色，做了全面修订和重要更新，既具创新性，又有可操作性，值得高校思想政治工作者，特别是思想政治理论课教师学习借鉴。

习近平总书记在党的十九大报告中指出:"青年一代有理想、有本领、有担当,国家就有前途,民族就有希望。"大学生是优秀青年群体,大学生思想政治素质的提高,对于实现中华民族伟大复兴具有特别重要的意义。我们国家进入新时代,高校思想政治工作也必须有新视野、新高度、新追求。我们要认真学习贯彻习总书记关于高校思想政治工作的系列重要讲话精神,从"培养什么样的人、如何培养人以及为谁培养人"的高度出发,坚持把立德树人作为中心环节,以"有效性"为导向,不断探索把思想政治工作贯穿教育教学全过程的新方法、新途径,努力将学生培养成为真正德才兼备、全面发展的社会主义事业建设者和接班人。

江苏省高校思想政治教育研究会会长
原江苏大学党委书记
教授、博士生导师
2018 年 4 月

"5G"体验式课堂，以"感动度"提升思政教学有效性

顾定红

思想政治理论课是高校思想政治工作的主渠道，对于大学生立德树人具有非常重要的意义。但长期以来，由于偏重理论讲授，忽视情感体验和实际践行的主导作用，思政教学效果普遍较差。硅湖职业技术学院从2011年起，积极探索思政课体验式教学改革，以"感动度"为核心，打造了"5G"（感性、感动、感悟、感恩、感奋）体验式课堂，显著提高了思政教学的有效性，是高校思政教学模式的大胆创新，也是习近平总书记关于"思想政治理论课要坚持在改进中加强，提升思想政治教育亲和力和针对性，满足学生成长发展需求和期待"重要讲话精神的有益实践。

一、以学生为本："三转变"确立提升思政教学有效性的新理念

高校思想政治理论课由于长期存在"模式陈旧、内容枯燥"等问题，学生厌学，教师怕教，教学和育人效果都较差。民办高职院校面临生存危机和特殊学情的双重挑战，如果沿用传统的思政教学模式，效果更是难以保证。坚持问题导向，以社会主义核心价值观为指导，全面实施体验式教学改革，努力提升思政教学的有效性，是加强高校思想政治工作的重要任务。

思想政治教育有效性体现在满足人们相应需求、实现人们相应目的方面所表现出的积极特性。体验式教学，是以学生为主体，通过情感体验、团队学习和分享交流而获得正确认知的教学模式。有利于满足学生获得尊重、主动交流和自觉践行的内在需求，有利于提升思政教学的有效性。为此，必须在教育理念上实现三个转变。

1. 从注重知识传授向注重人的素养提升转变

党的十八大以来，中央一直强调以"立德树人"作为教育的根本，强调教书是为了育人，教学过程不是单纯知识的传授，更重要的是学生健康心理、健全人格和思想道德素养的提升。教师必须努力成为教育者，而不是教书匠。要努力让每个来高职院校学习的学生，不单单学习知识和技能，而要懂得爱、原谅和关怀，学会与人相处，愿意改变，愿意付出，愿意助人，树立正确的世界观和人生观，这才是我们为学生提供的最好教育。

2. 个体学习向团队学习转变

瑞士著名心理学家皮亚杰认为，教育的真正目的并非是简单增加学生的知识，而是让学

生在充满智慧刺激的环境中，激发兴趣，自行探索，主动学到知识。而传统教学过程，基本是个体学习，学生被养成被动接受"正确"答案的习惯，丧失了自主探索、自主认知的能力，甚至产生厌学情绪。

体验式教学通过精心设计组织团队学习活动，让学生共同学习、相互讨论，强化组员之间的情感联系和团队认同，激发成员的竞争意识和荣誉感，让学生有机会通过了解、比较别人的想法来得出自己的结论，这对学生自我意识的发展、自信心的增强具有特别重要意义。

3. 将理论主导向行为主导转变

凡事只有做了，你才能真正懂得。而传统教育的痼疾就是过度强调知识的学习而忽视实际的践行。成绩好的学生就被认为是好学生，以致放任他行为上的缺失和偏差。这样的事例不胜枚举。

体验式教学通过精心设计、组织有效的活动，让学生获得强烈的情感体验，进而愿意分享、主动认知，最终目的就是让学生产生自觉、持久的内驱力和行动力，懂得"做到比知道更重要"，在今后的学习、工作和生活中真正做到，实现"行知合一"，这才是教育有效性的真正体现。

二、以感动度为核："三重构"、"五改变"显著提升思政教学有效性

在教学中，学生的学习体验是提高教学有效性的关键，而学生学习体验的核心是学生在学习中积极的情感体验和愉悦的情绪生活。

为此，在体验式教学基础上，大胆创新，以"感动度"为中心，进行教学方式、教学内容和教学组织的"三重构"、"五改变"，有利于提升思政教学的有效性。

1. 以"三重构"提升教学有效性

首先是重构教学方式：用"5G"（感性、感动、感悟、感恩、感奋）精心设计体验式课堂结构，让学生感动学习，自觉践行：

感性导言（1G）：每次课程，老师都会伴着美妙的音乐声，用充满情感的感性语言、语调，或叙事，或诵诗，或感怀，引导学生进入本课特定的情境和氛围，产生积极情感和探究兴趣。

感动体验（2G）：借鉴心理学团体活动与方法，精心设计富有感动度和震撼力的感动体验，并将课程主题和教学内容巧妙、有机地融入活动之中，并通过多媒体（影视、音乐、图片）手段营造氛围，使学生身临其境、感同身受，获得真实强烈的情感体验，为激发学生主动认知和自觉行动奠定深刻的情感基础。

感悟分享（3G）：感动体验产生强烈情感后，要立即给予充分时间和空间，让学生进行感受分享。感受分享分为小组分享和人组分享，让每个学生情感都得以充分抒发，感悟得到充分表达，教师以点评和加分给予提炼和肯定。这是"5G"课堂的重中之重，是学生自主学习、自我教育的关键环节。

感恩结语（4G）：课程结束前，教师从"感谢学生让我服务"出发，结合自身经历和真情实感，表达对学生在感动体验和感受分享中的态度言行的赞许和鼓励，提炼归纳正确有益的观点，升华课程主题，使学生产生情感共鸣和思想认同，并内化于心。

感奋践行（5G）：最后，教师必须明确提出课后具体行动要求，或写感言深化感悟，或结合学校当前学生工作的要求做一事外化于行，让感动振奋精神，情感激励践行，发挥积极

情感对主动认知、自觉践行的激励作用，提高思政教学的有效性。

第二是重构教学内容：学院要求思政教师结合教材要求，紧贴学生思想和生活实际设计教学模块，每个模块以"我们"为主语，如"缘：我们是家人"、"齐：我们是团队"等，强化学生的主体意识。同时，精心设计相应的感动体验和多媒体课件，选用丰富的影视、音乐和富有感染力的图片，以激发学生丰富的联想和强烈的情感体验。

第三是重构教学组织：通过组建学习小组、创设多种团队学习平台，尽可能强化组员之间的情感联系和团队认同，激发成员的竞争意识和荣誉感，让学习过程成为团体行为而不仅是个体行为，使"人人争先分享、个个主动担责"成为"5G"课堂的亮丽标志，显著提高学生主动自觉的"学习力"。

2. 以"五改变"保证教学有效性

一是教师变导师组："5G"体验式课堂，每次授课都由主讲导师、助理导师和学长组成"导师组"，共同完成课程主讲、感动体验组织、音效视频和灯光控制，并参与小组分享，与学生同体验、同感动、同分享、同成长，全心全情为学生服务，让思政课堂成为真正深受学生欢迎的"感动的课堂"。

二是固定教室变"无桌教室"："5G"体验式课堂，需要组织多种形式感动体验和感受分享。为此，必须改造专用教室，配置灯光音响以及舞台、地毯、活动折椅等，让学生可以根据课程需要，特别是在感动体验和感受分享环节，或坐或立或活动，形成自由、有趣的"无桌教室"，让学生摆脱呆板的学习环境，爱上"5G"课堂。

三是单一教案变为多媒体资源库：收集整理了数万例感人案例（包括老师自己及身边所发生的真实案例），用于"5G"课堂课程模块和感动体验的设计；同时还分专题精选上千首优美音乐，让感性音乐和灯光伴随课程全过程，实现"让真情拨动心弦，让思想随音符飞扬"。

四是单一评价变为"三全评价"：科学教学评价是提高教学有效性的必要手段。需要建立"课程全过程、课内外全方位、理论考试和小组得分全衡量"的全面评价体系，变定分为定性评价，以激励学生不断成长。

五是固定学时变为弹性学时："5G"体验式课堂，是一个感性的课堂，"感动度"是课程组织的灵魂，感受分享是最重要的学习环节，常常无法硬性中断，可以通过三节连上、晚间排课等弹性学时方式，提升"5G"体验式课堂的教学和育人效果。

三、因时而进：不断拓展"5G"体验式课堂的有效性

六年来，"5G"体验式思政课堂覆盖全校学生，成为学生最喜爱的课程，并在全校所有课程中推广，以延伸思政课的育人效果。同时，注重体验式教学理论的研究，在省级以上刊物发表关于体验式教学研究论文 36 篇，被下载及引用共计 1 556 次。结合学生日常管理，将素养考评结果纳入"5G"课堂考核，使学生工作呈现课堂内外有机结合、相向而行的良好局面。2015 年江苏省教育评估院专题评估报告显示：用人单位对学院近三年人才培养满意率为 98.4%，其中对毕业生思想素质、身心素质和职业素质满意度均在 96% 以上，这充分反映了以"5G"课堂为代表的体验式教学改革取得的显著育人成效。2017 年，"5G 体验式课堂——高校思政教学模式的研究与创新实践"项目荣获江苏省教学成果奖二等奖，成为学院人才培养工作的亮点与特色。

习近平总书记在全国高校思想政治工作会议讲话中指出：高校思想政治工作"要因事而化、因时而进、因势而新。"创建"5G"体验式课堂，以"感动度"提升思政教学有效性，是新形势下加强高校思想政治工作的积极创新和主动实践。今后要与时俱进，积极探索互联网＋、新媒体等技术与"5G"体验式课堂的有机结合，不断提升"5G"体验式课堂的有效性，真正实现思想政治工作贯穿教育教学全过程，实现全程育人、全方位育人。

（原载《中国教育报》2017年11月29日第7版，本文略有删改）

目　录

模块一　争做时代新人 ……………………………………………………（ 1 ）
　　感性导言 ……………………………………………………………（ 3 ）
　　感人案例 ……………………………………………………………（ 3 ）
　　感动体验："缘"来相会 ……………………………………………（ 8 ）
　　感悟分享 ……………………………………………………………（ 10 ）
　　感奋践行 ……………………………………………………………（ 11 ）
　　相关链接 ……………………………………………………………（ 11 ）

模块二　坚定理想信念 ……………………………………………………（ 21 ）
　　感性导言 ……………………………………………………………（ 23 ）
　　感人案例 ……………………………………………………………（ 23 ）
　　感动体验："理想宣言" ……………………………………………（ 31 ）
　　感悟分享 ……………………………………………………………（ 32 ）
　　感奋践行 ……………………………………………………………（ 34 ）
　　相关链接 ……………………………………………………………（ 34 ）

模块三　弘扬中国精神 ……………………………………………………（ 41 ）
　　感性导言 ……………………………………………………………（ 43 ）
　　感人案例 ……………………………………………………………（ 43 ）
　　感动体验：红歌连唱 ………………………………………………（ 52 ）
　　感悟分享 ……………………………………………………………（ 53 ）
　　感奋践行 ……………………………………………………………（ 54 ）
　　相关链接 ……………………………………………………………（ 54 ）

模块四　领悟人生真谛 ……………………………………………………（ 59 ）
　　感性导言 ……………………………………………………………（ 61 ）
　　感人案例 ……………………………………………………………（ 62 ）
　　感动体验："生命借记卡" …………………………………………（ 69 ）
　　感悟分享 ……………………………………………………………（ 70 ）
　　感奋践行 ……………………………………………………………（ 72 ）
　　相关链接 ……………………………………………………………（ 73 ）

模块五　践行社会主义核心价值观 ………………………………………（ 79 ）
　　感性导言 ……………………………………………………………（ 81 ）

感人案例 ………………………………………………………（ 81 ）
　　感动体验：我爱我家——文明宿舍评比 ………………………（ 88 ）
　　感悟分享 …………………………………………………………（ 89 ）
　　感奋践行 …………………………………………………………（ 90 ）
　　相关链接 …………………………………………………………（ 90 ）

模块六　明大德守公德严私德 ……………………………………（ 97 ）
　　感性导言 …………………………………………………………（ 99 ）
　　感人案例 …………………………………………………………（100）
　　感动体验："心是口非" ……………………………………………（106）
　　感悟分享 …………………………………………………………（107）
　　感奋践行 …………………………………………………………（108）
　　相关链接 …………………………………………………………（108）

模块七　坚持遵法学法 ……………………………………………（115）
　　感性导言 …………………………………………………………（117）
　　感人案例 …………………………………………………………（117）
　　感动体验：大学生法律意识问卷调查 …………………………（123）
　　感悟分享 …………………………………………………………（124）
　　感奋践行 …………………………………………………………（127）
　　相关链接 …………………………………………………………（127）

模块八　培养法治思维 ……………………………………………（135）
　　感性导言 …………………………………………………………（137）
　　感人案例 …………………………………………………………（137）
　　感动体验："模拟法庭" ……………………………………………（142）
　　感悟分享 …………………………………………………………（147）
　　感奋践行 …………………………………………………………（148）
　　相关链接 …………………………………………………………（149）

模块九　自觉守法用法 ……………………………………………（155）
　　感性导言 …………………………………………………………（157）
　　感人案例 …………………………………………………………（157）
　　感动体验："我是中国公民"宣誓仪式 …………………………（163）
　　感悟分享 …………………………………………………………（164）
　　感奋践行 …………………………………………………………（165）
　　相关链接 …………………………………………………………（165）

附录：不一样的课堂 ………………………………………………（175）

后记：编者的话 ……………………………………………………（181）

模块一

争做时代新人

感性导言

（背景音乐）

亲爱的同学们：茫茫人海，阡陌世界，当下你怎么会来到我们美丽的校园？怎么会坐在我们"5G"体验式课堂？作为大一新生的你，一切都充满好奇，一切还有待体味。但有一点是肯定的，你此刻的生命坐标已经铭刻上三个字——"大学生"！你已成为这个国度同龄人中的佼佼者，成为令你父母师长骄傲的大学生！在接下来的一千多个日日夜夜里，你会在这里成长，会在这里坚强，会在这里学习承受、学会担当。希望你珍惜，珍惜大学生活的每一天，珍惜每一天的分分秒秒、点点滴滴。

作为老师，我热诚地欢迎你，也祝贺你有幸亲身感受"5G"体验式课堂的独特魅力！这是我们为你精心设计的一套情理交融、行知合一的体验式教学体系，并有丰富的影视、音乐和灯光的配合，让你获得全新的情感体验和学习感受，帮助你树立正确的理想信念和人生观、价值观，成为具有健全人格、高尚道德和良好修养的人，懂得"做到比知道更重要"的道理，以提升你未来的竞争力和生活的幸福指数。

通过本模块的体验与学习，你要了解课程的意义，加深对中国特色社会主义新时代的认识，增强做有理想、有本领、有担当的时代新人的自觉性，为提高自己的思想素质和法律意识，更快更好地适应大学生活，奠定良好的思想基础。

缘分让我们走到一起。对我来讲，你不是一位普通的学生，而是学习的主体，是我们"5G"体验式教学的参与者，是一个值得信任、懂得感恩、勇担责任、追求荣誉的家人！让我们共同开启新的生命周期，为实现我们的梦想，携手同行！

名人名言

为中华之崛起而读书

——周恩来

大学教育在知识以外，更应重视德性的问题。

——赫钦斯

感人案例

读大学和不读大学的区别

陈春花

马寅初校长是北大历史上一个骨气非常硬的校长。他说："所谓北大

笔记区

主义者，即牺牲主义也"。在他看来，为了追求真理应该舍得牺牲一切。当五四运动爆发的消息从北京城传到清华园后，闻一多先生只将岳飞的《满江红》书于墙壁，清华学生的队伍就集合起来了，浩浩荡荡向城中进发；当日寇铁蹄进逼华北，清华学生发出了"华北之大，已安放不下一张平静书桌"的呐喊，这成了"一二·九"爱国运动的动员令。

民族危亡则大学艰难，国运昌盛则大学兴旺，从中国大学的发展史来看，大学的命运和民族的命运紧紧相连，大学深深扎根于民族文化的土壤。中国的大学不仅根植于具有五千年历史的华夏文明之中，而且北大、复旦、清华都分别诞生在中国近代一个重要的历史时刻。北大创建于1898年，这一年，"戊戌变法"失败，意味着中国封建王朝的自我改革运动不可行，要寻找新学之路。复旦创建于1905年，这一年，延续了1 300年之久的科举制度被宣告废除，中国教育乃至中国文化，从此开始了新旧分野。清华诞生于1911年，这一年，辛亥革命爆发，清王朝正式退出历史舞台，中国由此进入新民主主义革命的新时期。这些承担，彰显了大学的责任，也使得大学拥有了振兴民族的使命，这样的使命感给大学以灵魂，给青年以动力。

包容、常新和承担让大学具有了久远的根基，有了可以熔炼学生骨骼和精髓的元素，很多人问我，大学最重要的价值在哪里？在我理解，大学教育最本质的过程是人文的过程，是崇高品性形成的过程。同样的年轻人，考入大学和没有进入校园，一年下来两个人就完全不一样了。是什么使他们发生了不同的变化？是大学的人文熏陶、大学的精神修炼。大学的重要性，是其他方式都不能替代的，不是知识，不是设备，也不是大楼，而是大学所具有的精神特质让学生受益终生。如果仅仅从知识的角度来看，技术可以解决很多问题，但是技术不能解决的正是校园所形成的人文氛围。没有在大学里浸泡几年，年轻人就不会真正具有知识的魅力和完整的人格。

（参考资料《大学的意义》节选）

 有感而发

当同学们怀揣着梦想进入大学的时候。可曾问过自己：我，上大学为了谁？

有人以为，上大学是为了完成家人的心愿，为了报答老师，为了自己有面子。但我认为，上大学，不为任何人，只是为了更好地承担起自己该担的责任。所以，我们要努力学习，学到更多的知识，更好地报效祖国。为了自己能够展翅高飞，也为了自己和家人生活得更加美好与幸福，我们要认识更多更好更有趣更优秀的人……

为了能考上心仪的大学，学子们都在努力拼搏。俞敏洪先生为能上大学，不管什么样的大学，整整考了三年，两次落榜仍不放弃，终遂心愿。所以，同学们一定要珍惜大学的机会和宝贵的光阴，不能得过且过、放纵生活、游戏人生，不然就会虚掷光阴，甚至误入歧途。

大学是人生成长的关键，在这人生最美好的光阴里，有人生活充实，学有所成，习得一身本领；有人浪费青春，沉迷网络，一事无成。所以，同学们要清醒地认识到大学不是浪漫的港湾，也不是怠惰的栖息地，它是人生的新阶段。而你选择的"责任态度"最终将决定你未来的人生。所以，我们要学做中国特色社会主义的坚定信仰者和忠实实践者，以民族振兴为己任，让青春在大学的校园里出彩。

叩心自问

1. 上大学对我们的人生成长有何意义？
2. 大学期间你怎样做人？

名人名言

以青春之我，创造青春之家庭，青春之国家，青春之民族，青春之人类，青春之地球，青春之宇宙，资以乐其无涯之生。

——李大钊

一个人的生命应当这样度过：当他回首往事的时候不会因虚度年华而悔恨，也不会因碌碌无为而羞愧！

——保尔·柯察金

案例二

南京林业大学一年半劝退49名学生

秋天本是收获的季节。

这个秋天，虚度了春、又虚度了夏的王军接到了南京林业大学的一纸通知，因为没完成规定学业，学校对他作出退学处理。

早在一年前，南京林业大学就对王军提出过退学处理意见，母亲带着他到学校恳求，希望再给孩子一次留在校园学习的机会。鉴于其健康原因，学校同意王军降级试读一年。然而一年过去，"玩游戏近乎痴迷"的他，终究还是没有修够学分。

这次，王军的母亲没有再来学校。"可以想象，这位母亲该有多失望。"南京林业大学教务处副处长高捍东教授的语气中，也有几分惋惜。

2014年，南京林业大学出台《本科学生学业警示及帮扶办法（试行）》，依学业未完成情节轻重对学生作出黄色、橙色、红色学业警示，被红色警示的作退学处理。2014年下半学年红色警示18人，2015年上半学年13人，2015年下半学年18人。一年半时间里，南林大劝退了49名学生。

（参考资料：人民日报 2016-11-11）

笔记区

笔记区

 有感而发

被退学处理，就学生个人而言，意味着大学梦碎；就其家庭而言，意味着寒了望子成龙、望女成凤的父母心；就学校而言，意味着不得不为剔除"不合格产品"、捍卫教学质量和学校声誉而做抉择。

世界上没有哪一所大学，会对学生的违纪无限宽容。包括耶鲁、牛津、剑桥在内的所有世界名校，都有对学生的劝退、开除或淘汰制度。尽管有些曾被开除的学生后来也成了伟大人物，但是这些知名学府不会放弃规则，因为"没有规则，一切都会乱套"。

"我认识其中一个被退学的。真的不能怪学校，因为他真的是毫无上进心，一学期的课基本全挂，公选课也挂，甚至旷考。重修也不去上课，再挂甚至是再旷考……这样的学生，如果还和努力学习的人拿一样的毕业证书，那努力又有什么意义？对于努力的人也不公平啊。如果他的心思真的不在学习上，还不如退学去更广阔的天地吧。"怪与不怪虽有争论，但退学处理却不容更改。

在被劝退的这些学生中，除少部分因为生病、出国等原因造成学业中断外，绝大多数学生是因为迷恋游戏或者厌学，有的在外面租房住，高校在他们眼中早已不是致力学业的"象牙塔"，而是混张文凭就走的驿站。要保证高校培养人才的质量，大学就再不能是"混场"，"从严治学"、"从严治校"刻不容缓。

▶ **叩心自问**

1. 你如何看待大学实行淘汰制？
2. 你从案例中得到了什么启示？

名人名言

真正的教育者不仅传授真理，而且向自己的学生传授对待真理的态度，激发他们对于善良事物受到鼓舞和钦佩的情感，对于邪恶事物的不可容忍的态度。

——苏霍姆林斯基

大学的荣誉，不在它的校舍和人数，而在于它一代一代人的质量。

——詹姆斯·布赖恩特·科南特

案例三

每个耶鲁新生都应当知道的事情
——1959年美国耶鲁大学新生欢迎仪式上的讲话

埃德蒙·西尔斯·摩根

你们到大学来，来追求各种各样的目标，你们将达到这些目标。你们会去打篮球、踢足球、吹低音管；你们会去参加各种俱乐部的活动和演出。但是学校期待你们在通过四年的学习和研究之后，能够取得长足的进展。在这四年中，我们盼望你们加入到这个追求真理的队伍中来。我们将会像要求我们自己一样来要求你们：保持你们的好奇心，激发你们宣传自己思想的热忱。好奇心当然不是你想要就会获得的，但是好奇心具有强大的感染力。我们盼望你们的好奇心不是要获得实际利益。我们不会仅仅满足于你们具有能提出一些简单问题的能力，我们也不仅仅满足于我们具有积累资料的能力。搜集资料的能力当然是做学术研究工作必不可少的部分，不幸的是这些资料大部分都得不断地进行检验，尤其是经过被某些可怜虫称为"客观的考试"的检验。在这类考试中，真理往往被假定为处于答卷上的A、B、C、D项之中，但从来不会出现在X、Y、Z项之中。我们期待你们的好奇心不只是能够通过各类考试，也不只是能记住别人提供的对问题的解答。我们同样也不希望只是把你们置身于某种"精神体操"中。我们要求你们在你们自己感兴趣的题目上不达真理绝不满足。

笔记区

 有感而发

　　心理学认为：好奇心是个体遇到新奇事物或处在新的外界条件下所产生的注意、操作、提问的心理倾向。好奇心是个体学习的内在动机之一、个体寻求知识的动力，是创造性人才的重要特征。爱因斯坦认为他之所以取得成功，原因在于他具有狂热的好奇心。

　　在学习竞争中获胜，有浓厚的学习兴趣与爱好至关重要，因为学生的学习往往受兴趣的支配。如果一个学生对学习毫不感兴趣，那就会觉得学业负担很重，产生畏难情绪和厌倦心理，必然学不好。相反，只要有兴趣，学生的注意力就集中，易于学好、记牢，取得很好的学习效果。没有丝毫兴趣的强制性学习，将会扼杀学生探求真理的欲望。春秋时期的孔子对于治学三种境界的见解，就把好学、乐学作为学习活动的理想境界。

　　牛顿对一个苹果产生好奇，于是发现了万有引力。瓦特对烧水壶上冒出的蒸汽产生好奇，最后改良了蒸汽机。伽利略看吊灯摇晃而好奇发现了单摆。

　　大学生朋友们，你的好奇心在哪里？

▶ **叩心自问**

1. 你的好奇心是什么？
2. 大学期间如何保持好奇心？

名人名言

　　知之者不如好之者，好之者不如乐之者。

——孔子

　　好奇心是科学工作者产生无穷的毅力和耐心的源泉。

——爱因斯坦

笔记区

感动体验："缘"来相会

【活动目的】

（1）通过体验，去除大一新生初逢相识时的陌生感。

（2）帮助大一新生增强自信，主动交流，奠定团队学习的思想和情感基础。

【活动准备】

（1）将不同颜色的 A4 彩色纸（每 8 人需一张）按图 1-1 切割成两两相对的四个三角形，然后打乱顺序，随机放在一个盘子里或纸袋里。

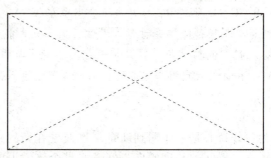

图 1-1

（2）体验式教学专用多媒体教室一间，按学生人数将活动折椅沿墙排放。

（3）学生每人一个胸卡，学生进场后向助教（学长）领取，并自由落座。

【活动过程】

感性导言（背景音乐）

我们都来自偶然，在亿万年的历史长河中相逢于今生今世，在众生芸芸的红尘人海中相聚于此时此地。此时此刻，我们无论男女、无论贫富美丑，相聚弥足珍贵，相会足以珍惜。

生命本是一场奇异的旅行，遇见谁都是一个美丽的意外，我们应该珍惜大学生活旅途中每一位与我们同行的有缘人，因为那是可以让漂泊的心驻足的地方……

（1）指导老师发布口令，请全体同学从助教的手中随机抽取一张三角形纸，问每位同学都有了吗？手中有三角形纸的同学请举手示意。

指导老师请全体同学起立，在场内寻找和自己手中持有相同颜色、相同形状三角形的另一位同学。寻找到对方后，站定并主动握手，微笑问好。

（2）两人一组自我介绍。

①两人一组席地而坐，或面对面坐在椅子上。在自己的卡片上写下姓名、所属系部、班级、爱好等，然后互相呈现给对方。

②每人用三分钟的时间互做自我介绍。当一方自我介绍时，另一方

要仔细倾听，通过语言与肢体的行为表现，尽可能多地了解对方。彼此有共同兴趣、爱好者可以在自我介绍后就某些问题做进一步的了解与沟通。

时间到！

指导教师随机请一位同学上台来介绍他的朋友。

（3）四人一组他人介绍。

指导老师发布口令，请全体同学起立，让现有的两人小组在场内共同寻找具有相同颜色不同形状三角形的另一组两位同学。用手中两两相对的四个三角形共同组成一个长方形。寻找到对方后，站定互相问好。

①四人一组席地而坐，或相对坐在椅子上。每组同学分为 A、B 两个角色。由其中一组的 A 将 B 介绍给另一组同学，然后由 B 介绍 A。请记住，每位成员只能互相介绍刚刚在活动中认识的新朋友，不要做自我介绍。另一组的同学也如此。

②互做介绍时，被介绍到的同学应微笑点头，并主动与另一组同学握手问好。

③彼此有共同兴趣、爱好者可以在介绍后就某些问题做进一步的了解与沟通。

时间到！

指导教师随机抽一个小组上台来，分享一下他们的快乐。

介绍完毕后大家鼓掌庆祝。

（4）八人一组循序介绍。

有朋友是一种幸福与快乐，被朋友关注是一种甜蜜与舒心。让我们继续找朋友。

指导教师发布口令：请同学们全体起立，让现有的四人小组共同寻找具有相同颜色相同形状长方形的另一组四位同学。用手中同样大小的两个长方形共同组成一个更大的长方形。寻找到对方后，大家迅速围成圈坐下。

①八人一组围圈席地而坐，或围成圈坐在椅子上。由其中一人介绍自己，一句话中要包含以下几个内容：姓名、系部班级、兴趣特长。当第一个人介绍完毕后，从顺时针方向紧挨着的同学做第二位自我介绍，但不同的是第二位同学自我介绍前要复述第一位同学介绍的内容，第三位同学至第八位同学的介绍都必须从第一位同学的介绍内容讲起。

②每位同学介绍自己时，要口齿清楚，面带微笑。未听明白的同学可提问。介绍完毕后，同组的同学要报以掌声。

③各小组要推荐一名代表上台介绍同组的朋友。

我们来自四面八方，五湖四海，共同的课程让我们相逢、相识、相知，将来我们会相爱。认识一个朋友，说容易也很容易，但说难也很难，人生得一知己足矣，真正的朋友要能经得起时间的历练和考验。

笔记区

笔记区

感悟分享

（背景音乐）

　　心理学研究表明，人类对爱、关心、尊重等交往性活动的需要，在重要性上并不亚于对食物、性等生理的需要。在当今全球一体化的发展趋势下，学会交往已不仅仅是单独的生存需要，更是身体的健康、事业的成功、生活的幸福有着密切的关系。同时，人际交往也是大学生人生成长的一个重要组成部分，是大学生心理发展的必要途径。

　　大学生要想在人才辈出的竞争年代里脱颖而出，就必须培养出良好的人际交往能力。通过刚才的感动体验，大家分享一下自己的感受：

　　（1）在过去的岁月中，你听到过别人认真地介绍过自己吗？
　　（2）你曾经向他人介绍过自己的朋友吗？
　　（3）你在本次活动中的感受是什么？

小组分享：以各小组为单位进行感悟分享。

大组分享：由各小组推荐或自荐一名同学上台进行感悟分享。

亲历感言（学生填写）

1.
2.
3.

活动点评（老师填写）

1.
2.
3.

感恩结语

（背景音乐）

　　刚才，大家分享了"'缘'来相会"体验活动带给自己的感受、感悟，令老师非常感动！

　　的确，离开家乡，来到大学，最深刻的感受就是一切都是陌生的，陌生的环境、陌生的人、陌生的生活；最最怀念的是家人的亲情、中学同学的友情！大家的分享，也触动了老师曾经的记忆！

　　感谢同学选择我们学校，感谢同学让我有缘与你们相聚相识，感谢同学让我服务，共同感受教育的魅力和成长的快乐。愿你们从今天起成为相亲相知的家人，愿我们成为互相信任、懂得感恩的朋友！缘分让我们走到一起，让我们踏上新的生命征程，为实现中国梦，为实现我们的人生价值，携手共进！

名人名言

世间所有的相遇，都是久别重逢。让心如莲花一样，静静开放。

——白落梅

时间是最公开合理的，它从不多给谁一份，勤劳者能叫时间留给串串的果实，懒惰者时间给予他们一头白发，两手空空。

——高尔基

感奋践行

一、书面作业（二选一）

（1）记录下你在"'缘'来相会"体验活动中的真情实感。
（2）谈谈你对时代新人有何认识？

二、行动项目

根据本模块内容，结合学生日常教育管理要求，提出一项具体行动目标，由组长负责检查并在下次课报告结果。

相关链接

链接一

他们的大学这样度过

独立思考，锤炼心智

在央视主持人白岩松看来，大学不仅仅是一个回忆，也是一生当中最美好的时光。在大学里很多的事情是一生当中无法复制的，利用好这几年光阴锻炼自己十分重要。

笔记区

"在大学期间一定要锤炼自己的心理素养。一个心理素质足够高的人才可能成功,一个心理素质不足够高的人成功起来就很难。在大学期间一定要学会用自己的脑子思维。成功的关键除了心理素养外,很重要的一点在于思维方式。一个有学习和变化能力的人会更强,一个人云亦云只能做跟随者的人不会强。"

——白岩松

认识自己,爱己及人

著名主持人杨澜认为,大学是人生中最美好的时光。当时的她特别想找到自己,所以她在大学的时候非常反叛,父母越让怎么样,她越不怎么样;学校越怎么样她越要做出一点反叛的姿态。

"大学的时候有一件很迷茫的事,我一直在心里嘀咕:怎么还没有男同学约我出去?我觉得恋爱是大学时必须要做的功课,而且可能真正要走过这个过程,你才会知道自己究竟是什么样的,你究竟爱什么。"

——杨澜

发现自我,享受过程

百度公司创始人、董事长兼首席执行官李彦宏毕业于北京大学。2008年,他在母校北大发表演讲时谈到大学生活的意义在于发现自我。

"要选择做自己喜欢做的事情,我们需要从自己真正的心里面去做选择,并不是你认为社会期望你这样做,父母期望你这样做,朋友期望你这样做。只有这样,你才会越工作越开心,在遇到困难遇到挫折的时候,不会被沮丧击败,而是全身心地去享受整个过程。"

——李彦宏

努力向前,坚持不懈

新东方的创始人俞敏洪,三次参加高考,两次落榜,最终经过不懈努力考入北京大学西语系。这么多年来,他用他的经历,告诉我们"勤奋是唯一的秘诀"。

"人生一辈子不是百米赛跑,如果百米赛跑早跑一秒钟或者晚跑一秒钟,你可能就会晚到一秒钟或者早到一秒钟。人生走的是无穷无尽的马拉松,马拉松不需要去计较你的起点是落后了还是站在第一名,马拉松计较的是你到底能够走多远,到底能够坚持走多久。"

——俞敏洪

有笑有泪,方能幸福

阿里巴巴集团创始人马云曾经因为数学不好而三次高考,第一年数学1分,第二年考19分,第三年考了89分,终于考上杭州师范学院本科。即便如此,公开场合马云都会称赞母校是他认为的最好的学校。

笔记区

笔记区

"真正的幸福一定是和眼泪、欢笑、汗水结合在一起的。如果你在大学四年没有眼泪,没有欢笑,没有汗水,我相信你不会成功。"

——马云

名人名言

大学是传授普遍知识的场所,是一切知识和科学,事实和原理,探索和发现,实验和思索的高级保护力量。它描绘出理智的疆域,在那里对任何一切既不侵犯也不屈服。

——约翰·纽曼

大学教育的最高目标是培养承担社会责任,转移社会风气,具有很强的社会责任感和使命感,能够思考解决重大问题、复杂问题的知识分子,而不仅仅是培养各行各业的专家。

——杨东平

链接二

青年要自觉践行社会主义核心价值观
——在北京大学师生座谈会上的讲话

习近平

各位同学,各位老师,同志们:

今天是五四青年节,很高兴来到北京大学同大家见面,共同纪念五四运动95周年。首先,我代表党中央,向北京大学全体师生员工,向全国各族青年,致以节日的问候!向全国广大教育工作者和青年工作者,致以崇高的敬意!

刚才,朱善璐同志汇报了学校工作情况,几位同学、青年教师分别作了发言,大家讲得都很好,听后很受启发。这是我到中央工作以后第五次到北大,每次来都有新的体会。在洋溢着青春活力的校园里一路走来,触景生情,颇多感慨。我感到,当代大学生是可爱、可信、可贵、可为的。

五四运动形成了爱国、进步、民主、科学的五四精神,拉开了中国新民主主义革命的序幕,促进了马克思主义在中国的传播,推动了中国共产党的建立。五四运动以来,在中国共产党领导下,一代又一代有志青年"以青春之我,创建青春之家庭,青春之国家,青春之民族,青春之人类,青春之地球,青春之宇宙",在救亡图存、振兴中华的历史洪流中谱写了一曲曲感天动地的青春乐章。

北京大学是新文化运动的中心和五四运动的策源地,是这段光荣历史的见证者。长期以来,北京大学广大师生始终与祖国和人民共命运、与时代和社会同前进,在各条战线上为我国革命、建设、改革事业作出了重要贡献。

党的十八大提出了"两个一百年"奋斗目标。我说过,现在,我们比历史上任何时期都更接近实现中华民族伟大复兴的目标，比历史上任何时期都更有信心、更有能力实现这个目标。

行百里者半九十。距离实现中华民族伟大复兴的目标越近，我们越不能懈怠、越要加倍努力，越要动员广大青年为之奋斗。

光阴荏苒，物换星移。时间之河川流不息，每一代青年都有自己的际遇和机缘，都要在自己所处的时代条件下谋划人生、创造历史。青年是标志时代的最灵敏的晴雨表，时代的责任赋予青年，时代的光荣属于青年。

广大青年对五四运动的最好纪念，就是在党的领导下，勇做走在时代前列的奋进者、开拓者、奉献者，以执着的信念、优良的品德、丰富的知识、过硬的本领，同全国各族人民一道，担负起历史重任，让五四精神放射出更加夺目的时代光芒。

同学们、老师们！

大学是一个研究学问、探索真理的地方，借此机会，我想就社会主义核心价值观问题，同各位同学和老师交流交流想法。

我想讲这个问题，是从弘扬五四精神联想到的。五四精神体现了中国人民和中华民族近代以来追求的先进价值观。爱国、进步、民主、科学，都是我们今天依然应该坚守和践行的核心价值，不仅广大青年要坚守和践行，全社会都要坚守和践行。

人类社会发展的历史表明，对一个民族、一个国家来说，最持久、最深层的力量是全社会共同认可的核心价值观。核心价值观，承载着一个民族、一个国家的精神追求，体现着一个社会评判是非曲直的价值标准。

古人说："大学之道，在明明德，在亲民，在止于至善。"核心价值观，其实就是一种德，既是个人的德，也是一种大德，就是国家的德、社会的德。国无德不兴，人无德不立。如果一个民族、一个国家没有共同的核心价值观，莫衷一是，行无依归，那这个民族、这个国家就无法前进。这样的情形，在我国历史上，在当今世界上，都屡见不鲜。

我国是一个有着13亿多人口、56个民族的大国，确立反映全国各族人民共同认同的价值观"最大公约数"，使全体人民同心同德、团结奋进，关乎国家前途命运，关乎人民幸福安康。

每个时代都有每个时代的精神，每个时代都有每个时代的价值观念。国有四维，礼义廉耻，"四维不张，国乃灭亡。"这是中国先人对当时核心价值观的认识。在当代中国，我们的民族、我们的国家应该坚守什么样的核心价值观？这个问题，是一个理论问题，也是一个实践问题。经过反复征求意见，综合各方面认识，我们提出要倡导富强、民主、文明、和谐，倡导自由、平等、公正、法治，倡导爱国、敬业、诚信、友善，积极培育和践行社会主义核心价值观。富强、民主、文明、和谐是国家层面的价值要求，自由、平等、公正、法治是社会层面的价值要求，爱

笔记区

国、敬业、诚信、友善是公民层面的价值要求。这个概括，实际上回答了我们要建设什么样的国家、建设什么样的社会、培育什么样的公民的重大问题。

中国古代历来讲格物致知、诚意正心、修身齐家、治国平天下。从某种角度看，格物致知、诚意正心、修身是个人层面的要求，齐家是社会层面的要求，治国平天下是国家层面的要求。我们提出的社会主义核心价值观，把涉及国家、社会、公民的价值要求融为一体，既体现了社会主义本质要求，继承了中华优秀传统文化，也吸收了世界文明有益成果，体现了时代精神。

富强、民主、文明、和谐，自由、平等、公正、法治，爱国、敬业、诚信、友善，传承着中国优秀传统文化的基因，寄托着近代以来中国人民上下求索、历经千辛万苦确立的理想和信念，也承载着我们每个人的美好愿景。我们要在全社会牢固树立社会主义核心价值观，全体人民一起努力，通过持之以恒的奋斗，把我们的国家建设得更加富强、更加民主、更加文明、更加和谐、更加美丽，让中华民族以更加自信、更加自强的姿态屹立于世界民族之林。

建设富强民主文明和谐的社会主义现代化国家，实现中华民族伟大复兴，是鸦片战争以来中国人民最伟大的梦想，是中华民族的最高利益和根本利益。今天，我们13亿多人的一切奋斗归根到底都是为了实现这一伟大目标。中国曾经是世界上的经济强国，后来在世界工业革命如火如荼、人类社会发生深刻变革的时期，中国丧失了与世界同进步的历史机遇，落到了被动挨打的境地。尤其是鸦片战争之后，中华民族更是陷入积贫积弱、任人宰割的悲惨状况。这段历史悲剧决不能重演！建设富强民主文明和谐的社会主义现代化国家，是我们的目标，也是我们的责任，是我们对中华民族的责任，对前人的责任，对后人的责任。我们要保持战略定力和坚定信念，坚定不移走自己的路，朝着自己的目标前进。

中国已经发展起来了，我们不认可"国强必霸"的逻辑，坚持走和平发展道路，但中华民族被外族任意欺凌的时代已经一去不复返了！为什么我们现在有这样的底气？就是因为我们的国家发展起来了。现在，中国的国际地位不断提高、国际影响力不断扩大，这是中国人民用自己的百年奋斗赢得的尊敬。想想近代以来中国丧权辱国、外国人在中国横行霸道的悲惨历史，真是形成了鲜明对照！

中华文明绵延数千年，有其独特的价值体系。中华优秀传统文化已经成为中华民族的基因，植根在中国人内心，潜移默化影响着中国人的思想方式和行为方式。今天，我们提倡和弘扬社会主义核心价值观，必须从中汲取丰富营养，否则就不会有生命力和影响力。比如，中华文化强调"民惟邦本"、"天人合一"、"和而不同"，强调"天行健，君子以自强不息"、"大道之行也，天下为公"；强调"天下兴亡，匹夫有责"，主张以德治国、以文化人；强调"君子喻于义"、"君子坦荡荡"、"君子义以为质"；强调"言必信，行必果"、"人而无信，不知其可也"；强调"德不孤，必有邻"、"仁者爱人"、"与人为善"、"己所不欲，勿施于人"、"出入相友，守望相助"、"老吾老以及人之老，幼吾幼以及人之幼"、"扶贫济困"、"不患寡而患不均"，等等。像这样的思想和理念，不论过去还是现在，都有其鲜明的民族特色，都有其永不褪色的时代价值。这些思想和理念，既随着时间推移和时代变迁而不断与时俱进，又有其自身的连续性和稳定性。我们生而为中国人，最根本的是我们有中国人的独特精神世界，有百姓日用而不觉的价值观。我们提倡的社会主义核心价值观，就充分体现了对中华优秀传统文化的传承和升华。

价值观是人类在认识、改造自然和社会的过程中产生与发挥作用的。不同民族、不同国家由于其自然条件和发展历程不同，产生和形成的核心价值观也各有特点。一个民族、一个国家的核心价值观必须同这个民族、这个国家的历史文化相契合，同这个民族、这个国家的人民正在进行的奋斗相结合，同这个民族、这个国家需要解决的时代问题相适应。世界上没有两片完全相同的树叶。一个民族、一个国家，必须知道自己是谁，是从哪里来的，要到哪里去，想明白了、想对了，就要坚定不移朝着目标前进。

去年12月26日，我在纪念毛泽东同志诞辰120周年座谈会上讲话时说：站立在960万平方公里的广袤土地上，吸吮着中华民族漫长奋斗积累的文化养分，拥有13亿中国人民聚合的磅礴之力，我们走自己的路，具有无比广阔的舞台，具有无比深厚的历史底蕴，具有无比强大的前进定力。中国人民应该有这个信心，每一个中国人都应该有这个信心。我们要虚心学习借鉴人类社会创造的一切文明成果，但我们不能数典忘祖，不能照抄照搬别国的发展模式，也绝不会接受任何外国颐指气使的说教。

我说这话的意思是，实现我们的发展目标，实现中国梦，必须增强道路自信、理论自信、制度自信，"千磨万击还坚劲，任尔东南西北风"。而这"三个自信"需要我们对核心价值观的认定作支撑。

我为什么要对青年讲讲社会主义核心价值观这个问题？是因为青年的价值取向决定了未来整个社会的价值取向，而青年又处在价值观形成和确立的时期，抓好这一时期的价值观养成十分重要。这就像穿衣服扣扣子一样，如果第一粒扣子扣错了，剩余的扣子都会扣错。人生的扣子从一开始就要扣好。"凿井者，起于三寸之坎，以就万仞之深。"青年要从现在做起、从自己做起，使社会主义核心价值观成为自己的基本遵循，并身体力行大力将其推广到全社会去。

广大青年树立和培育社会主义核心价值观，要在以下几点上下功夫。

一是要勤学，下得苦功夫，求得真学问。知识是树立核心价值观的重要基础。古希腊哲学家说，知识即美德。我国古人说："非学无以广才，非志无以成学"大学的青春时光，人生只有一次，应该好好珍惜。

为学之要贵在勤奋、贵在钻研、贵在有恒。鲁迅先生说过："哪里有天才，我是把别人喝咖啡的工夫都用在工作上的。"大学阶段，"恰同学少年，风华正茂"，有老师指点，有同学切磋，有浩瀚的书籍引路，可以心无旁骛求知问学。此时不努力，更待何时？要勤于学习、敏于求知，注重把所学知识内化于心，形成自己的见解，既要专攻博览，又要关心国家、关心人民、关心世界，学会担当社会责任。

二是要修德，加强道德修养，注重道德实践。"德者，本也。"蔡元培先生说过："若无德，则虽体魄智力发达，适足助其为恶。"道德之于个人、之于社会，都具有基础性意义，做人做事第一位的是崇德修身。这就是我们的用人标准为什么是德才兼备、以德为先，因为德是首要、是方向，一个人只有明大德、守公德、严私德，其才方能用得其所。修德，既要立意高远，又要立足平实。要立志报效祖国、服务人民，这是大德，养大德者方可成大业。同时，还得从做好小事、管好小节开始起步，"见善则迁，有过则改"，踏踏实实修好公德、私德，学会劳动、学会勤俭、学会感恩、学会助人、学会谦让、学会宽容、学会自省、学会自律。

三是要明辨，善于明辨是非，善于决断选择。"学而不思则罔，思而不学则殆。"是非明，方向清，路子正，人们付出的辛劳才能结出果实。面对世界的深刻复杂变化，面对信息时代各种思潮的相互激荡，面对纷繁多变、鱼龙混杂、泥沙俱下的社会现象，面对学业、情感、职业选择等多方面的考量，一时有些疑惑、彷徨、失落，是正常的人生经历。关键是要学会思考、善于分析、正确抉择，做到稳重自持、从容自信、坚定自励。要树立正确的世界观、人生观、价值观，掌握了这把总钥匙，再来看看社会万象、人生历程，一切是非、正误、主次，一切真假、善恶、美丑，自然就洞若观火、清澈明了，自然就能作出正确判断、作出正确选择。正所谓"千淘万漉虽辛苦，吹尽狂沙始到金"。

四是要笃实，扎扎实实干事，踏踏实实做人。道不可坐论，德不能空谈。于实处用力，从知行合一上下功夫，核心价值观才能内化为人们的精神追求，外化为人们的自觉行动。《礼记》中说："博学之，审问之，慎思之，明辨之，笃行之。"有人说："圣人是肯做工夫的庸人，庸人是不肯做工夫的圣人。"青年有着大好机遇，关键是要迈稳步子、夯实根基、久久为功。心浮气躁，朝三暮四，学一门丢一门，干一行弃一行，无论为学还是创业，都是最忌讳的。"天下难事，必作于易；天下大事，必作于细。"成功的背后，永远是艰辛努力。青年要把艰苦环境作为磨炼自己的机遇，把小事当作大事干，一步一个脚印往前走。滴水可以穿石。只要坚韧不拔、百折不挠，成功就一定在前方等你。

核心价值观的养成绝非一日之功，要坚持由易到难、由近及远，努力把核心价值观的要求变成日常的行为准则，进而形成自觉奉行的信念理念。不要顺利的时候，看山是山、看水是水，一遇挫折，就怀疑动摇，看山不是山、看水不是水了。无论什么时候，我们都要坚守在中国大地上形成和发展起来的社会主义核心价值观，在时代大潮中建功立业，成就自己的宝贵人生。

同学们、老师们！

党中央作出了建设世界一流大学的战略决策，我们要朝着这个目标坚定不移前进。办好中国的世界一流大学，必须有中国特色。没有特色，跟在他人后面亦步亦趋，依样画葫芦，是不可能办成功的。这里可以套用一句话，越是民族的越是世界的。世界上不会有第二个哈佛、牛津、斯坦福、麻省理工、剑桥，但会有第一个北大、清华、浙大、复旦、南大等中国著名学府。我们要认真吸收世界上先进的办学治学经验，更要遵循教育规律，扎根中国大地办大学。

鲁迅先生说："北大是常为新的，改进的运动的先锋，要使中国向着好的，往上的道路走。"党的十八届三中全会吹响了全面深化改革的号角，也对深化我国高等教育改革提出了明确要求。现在，关键是把蓝图一步步变为现实。全国高等院校要走在教育改革前列，紧紧围绕立德树人的根本任务，加快构建充满活力、富有效率、更加开放、有利于学校科学发展的体制机制，当好教育改革排头兵。我也希望北京大学通过埋头苦干和改革创新，早日实现几代北大人创建世界一流大学的梦想。

教师承担着最庄严、最神圣的使命。梅贻琦先生说："所谓大学者，非谓有大楼之谓也，有大师之谓也。"我体会，这样的大师，既是学问之师，又是品行之师。教师要时刻铭记教书育人的使命，甘当人梯，甘当铺路石，以人格魅力引导学生心灵，以学术造诣开启学生的智慧之门。

各级党委和政府要高度重视高校工作，始终关心和爱护学生成长，为他们放飞青春梦想、实现人生出彩搭建舞台。要全面深化改革，营造公平公正的社会环境，促进社会流动，不断激发广大青年的活力和创造力。要强化就业创业服务体系建设，支持帮助学生们迈好走向社会的第一步。各级领导干部要经常到学生们中去、同他们交朋友，听取他们的意见和建议。

现在在高校学习的大学生都是20岁左右，到2020年全面建成小康社会时，很多人还不到30岁；到本世纪中叶基本实现现代化时，很多人还不到60岁。也就是说，实现"两个一百年"奋斗目标，你们和千千万万青年将全过程参与。有信念、有梦想、有奋斗、有奉献的人生，才是有意义的人生。当代青年建功立业的舞台空前广阔、梦想成真的前景空前光明，希望大家努力在实现中国梦的伟大实践中创造自己的精彩人生。

我相信，当代中国青年一定能够担当起党和人民赋予的历史重任，在激扬青春、开拓人生、奉献社会的进程中书写无愧于时代的壮丽篇章！

（参考资料：新华网）

模块二

坚定理想信念

感性导言

（背景音乐）

习近平同志在党的十九大报告中做出了中国特色社会主义进入新时代的重大政治论断，意味着近代以来久经磨难的中华民族迎来了从站起来、富起来到强起来的伟大飞跃，迎来了实现中华民族伟大复兴的光明前景。

作为新时代的大学生，每个人都享有人生出彩的机会，每个人都享有梦想成真的机会，每个人都享有同祖国和时代一起成长与进步的机会。只要我们有理想，有机会，有奋斗，一切美好的东西都能够创造出来。

大学时期是人一生中非常重要的关键时期，不仅是确立人生观、价值观、世界观的重要阶段，也是树立崇高理想和坚定信念的关键时期。理想信念是人的心灵世界的核心，崇高的理想和信念可以助燃人的生命之火，激发人的聪明才智，创造精彩的人生。理想信念也是人生指路的明灯，有了它的指引人生才不会迷失方向，即使在惊涛骇浪之中，也能躲过暗礁到达胜利的彼岸。否则，我们将随时淹没于激流之中。

通过本模块的学习，我们要正确理解理想信念的含义与特征，明确理想信念对成长成才的重要作用；正确认识使命与责任，积极投身社会实践，把理想化为现实；结合自身实践厘清实现个人梦与实现中国梦之间的关系。

名人名言

如果能追随理想而生活，本着正直自由的精神，勇往直前的毅力，诚实不欺的思想而行，则定能臻于至美至善的境地。

——居里夫人

正义的事业能够产生坚定信念和巨大的力量。

——托·富勒

感人案例

案例一

汤显祖的理想王国

1598年的一个夜晚，江西抚州城内香楠峰下，一所名为"玉茗堂"的园林式寓所内灯火通明。不大的戏台上，光影流韵，笙箫齐鸣，"四梦"之一的《牡丹亭》正在这里首场上演。

台下，年近五旬的汤显祖正中端坐，灯光照着他瘦削的体态和清雅

笔记区

笔记区

的面容。但见台上渐演至《劝农》一场：早春二月，"红杏深花，菖蒲浅芽，春畴渐暖年华"，"平原麦垅，翠波摇翦翦，绿畴如画"，太守杜宝亲自到南安县第一都清乐乡劝农。挑粪施肥的农夫、骑牛耍鞭的牧童、持篓采桑的农妇、采摘新茶的村姑，他都要为之一一赏酒插花。面对这好山好水，杜太守不由得感叹："山也清，水也清，人在山阴道上行，春云处处生。"话音未落，周边旋即响起父老乡亲齐齐整整的和对："官也清，吏也清，村民无事到公庭，农歌三两声。"尽管此情此景是如此的熟悉，汤显祖依然无法抑住那难平的心潮，嘴角开始轻轻嚅动，眼眶也随之湿润。

往事如烟，触景生情。眼前劝农的杜太守，不就是自己真切的剪影吗？"官也清，吏也清，村民无事到公庭"，不也是自己孜孜以求的社会梦想吗？已近知天命的汤显祖，禁不住再次回想起自己前半生的种种际遇。几十年坎坷的仕途生涯一幕幕地在眼前铺陈开来……

1550年，汤显祖出生在江西抚州府临川县城东文昌里一个书香门第。他少年聪慧，五岁就能毫不费力地对对子，十二岁即会作诗，二十一岁中举，二十五岁就有了自己的诗集，正所谓"童子诸生中，俊气万人一"。不到三十岁，汤显祖文才已名播天下。

二十六岁那年，怀揣着理想抱负的汤显祖从抚州出发，踏上了前往南京国子监游学的道路。对汤显祖而言，这是一段"一汪春水漾华年"的欢乐时光。烛光摇曳的开元寺里有他纵谈古今的身影，波光点点的水阳江上有他摇荡小船的欢情。醉里唱歌踏舞，月下赋诗赠答。此时的汤显祖意气风发，神采飞扬，蟾宫折桂之门仿佛已为他洞开。

然而汤显祖没有想到，此时跟随整个明代社会一起堕落的科举制度已经腐朽不堪，考试成了上层统治集团营私舞弊的幕后交易，成为确定贵族子弟世袭地位的骗局。万历五年、八年两次会试，当朝炙手可热的首辅张居正为了遍招海内名士扩大自己的政治势力，也为使自己的儿子在进士考试中名列前茅，先后两次派人拉拢汤显祖，声言只要肯同他合作，就让他高中状元。年轻的汤显祖，此时只要轻轻点一下头，前程便是一片光明。

取得功名，是那个时代多少人梦寐以求的夙愿！然而，面对这一巨大的诱惑，汤显祖没有低下高傲的头。"吾不敢从处女子失身也。"他把自己的名声看得比处女的贞洁还要重要，在名利面前，他宁愿斩断浮华也要洁身自好。结果可想而知，在张居正当权的岁月里，汤显祖两次会试，两次落第。可倔犟的他从未感到后悔。直到张居正死后，汤显祖才考中进士。不久，幸运之神再次向他招手。新一任的内阁权臣申时行、张四维又来招他入幕，承诺让他参选原无资格参选的庶吉士。汤显祖最终还是拂却了申、张的"美意"，只去南京做了个由七品到六品的闲官。平步青云的政坛之路，再次与他擦肩而过。但也正是汤显祖那决然的一甩衣袖，让世人永远记住了他凛然的正气和洁白的操守。

虽然远离政治中心，但汤显祖却从未放下那颗忧国忧民的赤子之心，正可谓"处江湖之远，则忧其君。"此时的明王朝，世风日下，官场腐败，民不聊生。汤显祖目睹官场之积弊，为之痛心疾首，更勇于无情抨击，人称之为"狂奴"。万历十七年，太湖沿岸赤地千里，"白骨蔽江下"，朝廷前后发银五十万两赈济。赈灾使臣杨文举却借机营私舞弊，收受贿赂，出卖官职。就是这样一个贪官，当朝辅臣申时行居然委以重任，对其加官晋禄。而一些忠于职守、敢于揭发纠举权贵的御史均遭贬谪。汤显祖再也看不下去了，胸中郁积的不满如火山般喷发出来，他奋笔疾书，一气挥就《论辅臣科臣疏》，上奏朝廷。疏中直指申时行等人的误国行径，要求彻查杨文举、胡汝宁等一干贪官奸臣。

奏章在京城犹如投下一颗重磅炸弹，震动了整个朝廷。被抨击的官员，有的赌气不来上朝，有的以辞职相要挟。这时的皇上，竟不分青红皂白，指斥汤显祖"假借国事，攻击元辅"，把他贬到雷州半岛南端的徐闻县做了个编外典史。一纸奏折，就这样改变了汤显祖的命运。

1593年3月，春雨潇潇。通往浙江西南部的山路上，匆匆走来几名男子，走在最前面的就是贬官两年后由于政令调整而调任遂昌知县的汤显祖。经过十几年的宦海沉浮，汤显祖早已认清了官场的腐败，但这并没有泯灭他托庇功名，大济苍生的政治理想。小小的遂昌山城，满目云海树烟，四周层峦叠嶂。一年四季，姹紫嫣红，橙黄橘绿。不过，景色虽美，却因其地处浙西南山区，交通不便，地少田薄，赋寡民稀，乃至于"学舍、仓庾、城垣等作俱废"，"殆不成县"。面对这一切，汤显祖没有丝毫的退却！他满怀着一腔爱国忧民的热情，要把这座美丽却贫瘠的小城作为实现政治抱负和改革吏治的实验地。

他推行教育，捐资励学。走马上任的第三天，汤显祖就实地察看教育设施。展现眼前的是，唯一的县学讲堂破败不堪，学生无所诵读，习射没有场地。兴县先兴教育。重建书院和射堂成了当务之急。经费不足，他把自己的俸银先捐献出来。五月破土动工，六月射堂建成，八月学舍落成，他亲自取名"相圃书院"，遂昌县也由此有了历史上第一所正式学校。在这里，常常可以看到他给学生授课并和师生共同讨论的身影。昔日破败的讲堂里，重新传出琅琅的读书声。

他力行生产，奖励农事。他常常巡视山野村头，与采桑采茶耕作者为友，和他们亲切交谈，同食同饮。他努力减轻百姓的徭役，"缓征赋税"，并对朝廷搜刮民脂民膏的矿税进行抵制。汤显祖在遂昌苦干了五年，昔日的僻瘠之地很快兴旺起来，"一时醇吏声为两浙冠"。

他崇尚人道，亲民治县。除夕夜，让狱中囚犯回家过年，与亲人团聚，春节后再回狱服刑；元宵节，组织囚犯到城北河桥上观花灯，让他们体会"绕县笙歌"的欢庆气象，实验那"贯索从教"的风化措施。在他人道主义情怀的感召下，囚犯除夕回家过年和元宵桥上观灯，竟没有一人趁机逃脱，留下了一段千古美谈！

笔记区

笔记区

他自珍"四香",勤俭自律。"不乱财、手香;不淫色,体香;不谄讼,口香;不嫉害,心香。"任县令五年,他从未私吞一文公款。权贵的三亲五戚来打秋风,招待他们的常常只有一碟炒辣椒、一碗家常豆腐,外加一盘丝瓜汤。汤显祖"自平昌赤手归,橐不名一钱"。辞官归里,仍一如既往,保持清白廉洁之身,以至晚年生活清贫,有时只能喝粥度日,但他却指着满床的书自嘲:"有此不贫矣!"他还将寓所唤作玉茗堂,以玉茗比德,以玉茗养性。格韵高绝的玉茗花,正是汤显祖一生的真实写照。

1598年,又一个春雨潇潇的季节。看透了朝政腐败的汤显祖,决意弃官而去。消息传到遂昌,老百姓自发整装北上,苦苦挽留这位勤政爱民、清正廉洁的好官。扬州码头,汤显祖挥泪写下"富贵年华逝不还,吏民何用泣江关。清朝拂绶瞧行李,稚子牵船云水间"的诗句,依依惜别之情,溢于言表。

汤显祖离开了遂昌,留下世人称道的官德和功绩。遂昌人民没有忘记他,不仅专门为其建造了生祠——遗爱祠,在他辞官十年后,还推举画师赴临川为他画像,携归悬于生祠内以作纪念。建县一千七百多年的遂昌,有名有姓可考的县官五百多人,却没有一位的影响超过汤显祖。他勤政爱民的事迹在遂昌的百姓中口耳相传,历久弥新。

辞官回家的汤显祖,潜心创作他的《临川四梦》。此时的汤显祖,虽已是一介平民,但仍念念不忘"山也清、水也清、官也清、吏也清"的社会理想。他满怀激情地将这个理想融进了一场场的"劝农",写入了一个个的"美梦",为后人留下了一幅幅带有乌托邦色彩的美丽画卷。

尽管汤显祖所处的黄昏时代最终无法让他的理想变成现实,他的局部改良实践也注定无法深入而持久,但凝聚在他众多作品中的思想,以及他荆棘人生所坚守的信念,依旧穿越漫长的岁月时空,呈现出逼人心魄的美丽。

(参考资料:文化中国)

 有感而发

在那个腐朽的封建社会里,汤显祖没能完全实现自己的理想,但他却没有自暴自弃,面对名利的诱惑,他保持自己本色,洁身自好,在那艰苦的环境下,依然爱国忧民,选择造福百姓,并把他的理想王国,融入了他的不朽作品中,执着与自己的人生理想。虽然四百年过去了,汤显祖的梦想,依然持续地温暖着我们,成为我们这个民族的宝贵财富。

今天,我们的年轻人时常抱怨外部环境,却很少努力地挖掘自己,积累宝贵的人生财富。很多学生遇到困难首先想到的不是如何解决困难,而是先想到放弃。想放弃永远是我们的天性,这是不需要人教的,但是却不是我们所需要的。很多人遇到一点困难就开始头痛，想到前路漫漫，荆棘遍野，然后就开始打退堂鼓。其实我们遇到困难首先应该想到的不是害怕它，而是想办法克服它！如果我们害怕它，它就无形中被我们无限地放大，然后我们也就不战而败。学习如此，生活如此，工作也是如此。一个人养成了遇到困难就放弃的习惯，那么他不管做什么事情都不会成功，因为世间上没有任何事情是没有困难的，只在于困难的大小程度而已。

什么叫梦想？梦想就是要敢梦敢想，但是梦想要想成为现实，还需要不屈不挠的勇气和毅力。害怕困难而轻言放弃，梦想也仅仅只是"梦"和"想"而已。

▶ **叩心自问**

1. 从案例中你得到了什么启示？
2. 你的梦想是什么？

名人名言

理想是指路明星。没有理想，就没有坚定的方向，没有方向，就没有生活。

——列夫·托尔斯泰

路是脚踏出来的，历史是人写出来的。人的每一步行动都在书写自己的历史。

——吉鸿昌

案例二

信念就是力量

美国诺必塔小学的董事兼校长皮尔·保罗对所有的学生都是一视同仁的，在他的心目中根本没有什么"优生"和"差生"之别。因而，他对所有学生都给予热忱的鼓励，从而在他们心中竖起一面旗帜，而孩子确实是需要鼓励、需要有一面旗帜的。在他的学生中，有一位叫罗杰·罗尔斯的学生后来成为美国纽约州历史上第一位黑人州长。

罗杰·罗尔斯出生在纽约的大沙头贫民窟。那里环境恶劣，充满暴力。罗杰·罗尔斯所在的诺必塔小学的学生不与老师合作，旷课、斗殴，甚至砸烂教室黑板。皮尔·保罗想了很多办法来引导他们，可是没有一个是奏效的。后来他发现这些孩子都很迷信，于是在他上课的时候就多了一项内容给学生看手相。他用这个办法来鼓励学生。

有一天，当罗尔斯从窗台上跳下，伸着小手走向讲台时，皮尔·保罗说："我一看你修长的小拇指就知道，将来你是纽约州的州长。"当时，罗尔斯大吃一惊，因为长这么大，只有他奶奶让他振奋过一次，说

笔记区

笔记区

他可以成长为五吨重的小船的船长。这一次,皮尔·保罗先生竟说他可以成为纽约州的州长,着实出乎他的预料。他记下了这句话,并且相信了它。

从那天起,"纽约州州长"就像一面旗帜飘在罗尔斯的心中,他的衣服不再沾满泥土,说话时不再夹杂污言秽语。他开始挺直腰杆走路,在以后的40多年间,他没有一天不按州长的身份要求自己。51岁那年,他终于成了州长。

在就职演说中,罗尔斯说:"信念值多少钱?信念是不值钱的,它有时甚至是一个善意的欺骗,然而你一旦坚持下去,它就会迅速升值。"信念,可以成为所有奇迹的萌发点;鼓励,能够成为一个人一生的动力。

(参考资料:http://www.qiuyunly.com/news/28398)

有感而发

信念的力量在于即使身处逆境,亦能帮助你鼓起前进的船帆;信念的魅力在于即使遇到险运,亦能召唤你鼓起生活的勇气;信念的伟大在于即使遭遇不幸,亦能促使你保持崇高的心灵。有了信念,就必须坚定不移地为之努力和奋斗、

信念需坚持。坚持是生存的一部分,是生存的重要技能。不会坚持最终将一无所获,梅枝傲霜斗雪,是坚持暗香浮动的迎春怒放;创业者夙兴夜寐,是坚持精骛八极的人生内功。人生需要坚持,坚持需要忍耐,需要勇气,需要毅力。只有意志坚强的人,才能拥有玫瑰的芬芳,夺取胜利的桂冠,创造生命的奇迹!

如果说人生是一条路,那么人生定是一条曲折、坎坷和充满荆棘的路,只有把背影留给地平线,才能看到路边美丽的风景。在这踏上征途的过程中,要克服无数的困难和经受命运的考验,这都离不开坚持。人生就是在坚持中,在路上刻下一个又一个的足迹。

叩心自问

1. 是什么力量使得罗尔斯在51岁那年成为纽约州州长的?
2. 理想信念对大学生成长成才有何意义?

名人名言

一个没有受到献身的热情所鼓舞的人,永远不会做出什么伟大的事情来。

——车尔尼雪夫斯基

信念是鸟,它在黎明仍然黑暗之际,感觉到了光明,唱出了歌。

——泰戈尔

案例三

是颗流星也要把光留给人间

20世纪80年代，一个光辉的名字——张海迪，在神州大地上引起了强烈的反响，张海迪的事迹到处传颂，海迪精神到处弘扬。人们在这位三分之二躯体失去知觉而不向命运之神屈服的姑娘面前，在这位"即使跌倒一百次，也要一百零一次地爬起来"的勇士面前，在这位以自己的痛苦换取别人的欢乐、以缩短自己的生命来延续他人生命的时代楷模面前，都在深深地思考：人生的全部意义究竟在哪里？邓小平同志挥毫题词："学习张海迪，做有理想、有道德、有文化、守纪律的共产主义新人！"陈云同志题词："以张海迪为榜样，勤奋学习，热心助人，做八十年代的新雷锋。"

张海迪1955年出生在山东半岛文登县（今为文登市）的一个知识分子家庭里。5岁的时候，胸部以下完全失去了知觉，生活不能自理。医生们一致认为，象这种高位截瘫病人，一般很难活过27岁。在死神的威胁下，张海迪意识到自己的生命也许不会长久了，她为没有更多的时间工作而难过，更加珍惜自己的分分秒秒，用勤奋的学习和工作去延长生命。她在日记中写道："我不能碌碌无为地活着，活着就要学习，就要多为群众做些事情。既然是颗流星，就要把光留给人间，把一切奉献给人民。"1970年，她随带领知识青年下乡的父母到莘县尚楼大队插队落户，看到当地群众缺医少药带来的痛苦，便萌生了学习医术解除群众病痛的念头。她用自己的零用钱买来了医学书籍、体温表、听诊器、人体模型和药物，努力研读了《针灸学》、《人体解剖学》、《内科学》、《实用儿科学》等书。为了认清内脏，她把小动物的心肺肝肾切开观察，为了熟悉针灸穴位，她在自己身上画上了红红蓝蓝的点儿，在自己的身上练针体会针感。功夫不负有心人，她终于掌握了一定的医术，能够治疗一些常见病和多发病，在十几年中，为群众治病达1万多人次。

后来，她随父母迁到县城居住，一度没有安排工作。她从保尔·柯察金和吴运铎的事迹中受到鼓舞，从高玉宝写书的经历中得到启示，决定走文学创作的路子，用自己的笔去塑造美好的形象，去启迪人们的心灵。她读了许多中外名著，写日记、读小说、背诗歌、抄录华章警句，还在读书写作之余练素描、学写生、临摹名画、学会了识简谱和五线谱，并能用手风琴、琵琶、吉他等乐器弹奏歌曲。她的作品《轮椅上的梦》一经问世，就在社会上引起了强烈反响。

认准了目标，不管面前横隔着多少艰难险阻，都要跨越过去，到达成功的彼岸，这便是张海迪的性格。有一次，一位老同志拿来一瓶进口药，请她帮助翻译文字说明，看着这位同志失望地走了，张海迪便决心学习英语，掌握更多的知识。从此，她的墙上、桌上、灯上、镜子上，

笔记区

乃至手上、胳膊上都写上了英语单词，还给自己规定每天晚上不记10个单词就不睡觉。家里来了客人，只要会点英语的，都成了她的老师。经过7、8个年头的努力，她不仅能够阅读英文版的报刊和文学作品，还翻译了英国长篇小说《海边诊所》，当她把这部书的译稿交给某出版社的总编时，这位年过半百的老同志感动得流下了热泪，并热情地为该书写了序言：《路，在一个瘫痪姑娘的脚下延伸》。

以后，张海迪又不断进取，学习了日语、德语等语言。海迪还尽力帮助周围的青年，鼓励他们热爱生活、珍惜青春，努力学习为人民服务的本领，为祖国的兴旺发达献出自己的光和热。不少青少年在她的辅导下考取了中学、中专和大学，不少迷惘者在与她的接触中受到启发和教育变得充实和高尚起来。张海迪在轮椅上唱出了高昂激越的生命之歌，这支歌的主旋律是：一个人生命的价值在于为祖国富强、人民幸福而勇敢开拓、无私奉献！

 有感而发

张海迪5岁的时候，因患脊髓病，胸部以下全部瘫痪，从此，她的一生注定要在轮椅上度过。但她并没有低头，而是想尽一切办法让自己学习。在极端困难的情况下，她自学了小学、中学、大学的课程，取得了比健全人更辉煌的成绩，从而成为一代人的楷模。

在每个人的人生历程中，都会遇到这样或那样的困境，但当你认准了目标：是颗流星也要把光留给人间。你就会脱离苦难的泥潭，而拥有成功的喜悦。人生不可以没有挫折，一次挫折就等于人生的一次锻炼。我们也不应该排斥挫折，而应该感谢挫折。人生需要苦难与挫折来陪伴，如果你能够坦然地接受它，也许你会发现人生比原先更加精彩。

不要以为不能走路的人脚下就没有路，不要以为没有双眼的人所处的就不是地球，也不要以为失聪者心中就没有声音的存在。只要心是美好的，我们就并不曾失去过什么；我们也可以做正常人所做的一切。伟大的目标，是实现人生价值的源源动力。

▶ **叩心自问**

1. 你从张海迪的故事中感受到了什么？
2. 你的大学目标是什么？

名人名言

由百折不挠的信念所支持的人的意志，比那些似乎是无敌的物质力量具有更大的威力。

——爱因斯坦

人，只要有一种信念，有所追求，什么艰苦都能忍受，什么环境也都能适应。

——丁玲

感动体验:"理想宣言"

【活动目的】
(1) 通过体验,让学生给予自己积极的心理暗示。
(2) 通过目标激励,让学生树立一个更好的"自我"形象。
(3) 通过体验,让学生树立不断完善自我、超越自我的信心。

【活动准备】
(1) 体验式教学专用多媒体教室一间。
(2) 每人准备一支笔、一本体验式学习手册。

【活动过程】

感性导言(背景音乐):

哈佛大学是美国本土历史最悠久的高等学府,也被公认为是当今世界最顶尖的高等教育机构之一。这所闻名遐迩的大学有三个非常著名的测试,其中有两个都和"理想"有关。

测试一:人生目标

有一年,一群意气风发的天之骄子从美国哈佛大学毕业了,他们即将开始穿越各自的玉米地。他们的智力、学历、环境条件都相差无几。在临出校门前,哈佛对他们进行了一次关于人生目标的调查。结果是这样的:27%的人,没有目标;60%的人,目标模糊;10%的人,有清晰但比较短期的目标;3%的人,有清晰而长远的目标。

以后的25年,他们在生活中打拼。25年后,哈佛再次对这群学生进行了跟踪调查。结果是:3%的人,25年间他们朝着一个方向不懈努力,几乎都成为社会各界的成功人士,其中不乏行业领袖、社会精英。

测试二:学习动机调查

1960年,有学者对哈佛大学1 520名学生做了学习的动机的调查,就一个题目:你到哈佛商学院上学就是为了赚钱,还是为了理想?结果有1 245个人选择了"为了赚钱",占到了81.9%,有275人他们选择了"为了理想"。

有意思的是,20年之后,人们对于这1 520名学生做了跟踪调查,结果让人大吃一惊:受调查的1 520名学生中有101名成了百万富翁,而其中100名当时他的选择是"为了理想"。

从上面的两个测试我们可以看出:人活着,应该有理想,因为有理想有追求,生活才会有动力和方向。生活或是学习,累了的时候,不妨停下来,想一想自己想做些什么,想得到些什么,自己所希冀的一种生活应该是什么状态!

理想不宜太空太泛,不然离生活太远,会带来挫败感;亦不宜过于现实,否则享受不到它带给你的宁静以及实现时那份喜悦。理想可以平凡,但不能庸俗。切实的理想应该是这样的,望之不似太远,触之不可

笔记区

笔记区

即得，这样每付出一分努力，你都能切实地感觉到你离它近了，你踮一踮脚仿佛就能触及，你不断地踮脚，生活就总是处在不断的喜悦之中，同时也充满了希望。

有人把人生比作是一场自导自演的戏。那么有无人生剧本，以及剧本质量的高低决定着我们这一生过得是否精彩。人生剧本就是我们的人生规划，主题就是我们的人生志向，主角就是我们为自己选定的人生角色，导演就是我们自己。亲爱的同学们，你为自己选定过人生角色吗？你的理想又是什么？

带着这样的问题，我们进入今天的体验活动"理想宣言"：

（1）请同学们首先记录下当下的时间。

（2）在"宣告人"后面签上自己的名字，并请现在坐在你身边（或左或右）的同学作为"证明人"签上他（她）的名字。

（3）请伴着美妙的音乐声，在限定时间内（8分钟左右）写好你自己的"理想宣言"。

理想宣言

我是第____组的_____，我来自_____（家乡）的_____家庭，今天我要以一名大学生的身份，在这里大声宣告：我要成为一名_____（我要成为一个_____的人）！

为了实现这个人生目标，从今天起

我要_____；

我要_____；

我要_____；

我要_____；

总之，我是一个有能力、有担当的人，我坚信我能够实现自己的理想！

同学们，请相信我！

宣告人：　　　　时间：　　年　　月　　日　　时　　分

证明人：

（4）按小组围坐，在组长的带领下，每个组员轮流起立，大声宣读自己的理想宣言，读完后其他组员大声说："×××，我们相信你！"

（5）每个小组派一位代表上台向全班分享自己的理想宣言，读完后全班同学大声回应："×××，我们相信你！"

感悟分享

（背景音乐）

"人是要有点精神的"这精神指的就是"理想、追求"。每年临近毕业时都会有部分学生拿不到毕业证书，其原因很复杂，有一个重要的原因就是这些人来到大学后没有目标，不知道自己要干什么，结果一事无成。不仅浪费了青春，也荒废了学业。

理想信念是大学生心灵世界的核心，是大学生成人成才的思想关键。如果我们已经确立了目标，有些可以实现，有些却永远是梦想；如果我们能力足够，或更努力地话，有些理想就有可能远离梦想，需要的是：去做，而且是现在。

通过刚才的体验活动，大家分享一下自己的感悟：

（1）回想自己以往在理想信念作用下做过哪些抉择？
（2）在大学的生活中，如何把理想化为现实？
（3）你在本次活动中的感受是什么？

小组分享：学生以各小组为单位进行感受分享。
大组分享：由各小组推荐或自荐一名同学上台进行感受分享。

亲历感言（学生填写）

1.
2.
3.

活动点评（老师填写）

1.
2.
3.

感恩结语

（背景音乐）

刚才，大家在特定的时间地点、特别的气氛中写下了你的"理想宣言"，并在你的家人面前，大声宣告了你为实现自己理想所准备做出的努力，部分同学还分享了这一体验活动带给自己的感受、感悟。此时此景此情，令老师非常感动！

的确，写下"理想"，做出"宣言"，只是形式，很简单。但是，真正付出努力，真正实现理想，不容易，不简单！但谁能说，今天的活动没有意义？也许在若干年后的某一天，在座的某位同学来到学校，来到我的面前说"老师，你还记得吗，那一天您带着我们写下'理想宣言'，它居然一直铭记在我心中，成为我人生的目标！今天我要告诉您，当年我写下的理想真的实现了，谢谢您！"这将是老师一生最大的幸福啊！

为人师，最高兴的事就是学生的成长！最想听的话就是"谢谢老师"！

感谢你们，让我有缘与你们相聚相识，感谢同学让我服务，共同感受教育的魅力和成长的快乐。愿你们不忘今日，不忘初心，牢记责任，早日理想成真！

笔记区

笔记区

名人名言

生活的理想，就是为了理想的生活。

——张闻天

最可怕的敌人，就是没有坚强的信念。

——罗曼·罗兰

感奋践行

一、书面作业（二选一）

（1）你真的准备为实现"理想宣言"而坚持努力吗？

（2）大学生的个人理想应当与国家和民族的命运有怎样的联系？

二、行动项目

根据本模块内容，结合学生日常教育管理要求，提出一项具体行动目标，下次课进行小组交流。

相关链接

链接一

别让任何人偷走你的梦

美国某个小学的作文课上，老师给小朋友的作文题目是："我的志愿"。

一位小朋友非常喜欢这个题目，在他的簿子上，飞快地写下了他的梦想。他希望将来自己能拥有一座占地十余公顷的庄园，在广阔的土地上种满绿草。庄园中有无数的小木屋，烤肉区，及一座休闲旅馆。除了自己住在那儿外，还可以和前来参观的游客分享自己的庄园，有住处供他们歇息。

写好的作文经老师过目，这位小朋友的簿子上被划了一个大大的红"×"，发回到他手上，老师要求他重写。

小朋友仔细看了看自己所写的内容，并无错误，便拿着作文簿去请教老师。

老师告诉他："我要你们写下自己的志愿，而不是这些如梦呓般的空想，我要实际的志愿，而不是虚无的幻想，你知道吗？"

小朋友据理力争："可是，老师，这真的是我的梦想啊！"

老师也坚持："不，那不可能实现，那只是一堆空想，我要你重写。"

小朋友不肯妥协："我很清楚，这才是我真正想要的，我不愿意改掉我梦想的内容。"

老师摇头:"如果你不重写,我就不让你及格了,你要想清楚。"

小朋友也跟着摇头,不愿重写,而那篇作文也就得到了大大的一个"E"。

时隔三十年之后,这位老师带着一群小学生到一处风景优美的度假胜地旅行,在尽情享受无边的绿草,舒适的住宿,及香味四溢的烤肉之余,他望见一名中年人向他走来,并自称曾是他的学生。

这位中年人告诉他的老师,他正是当年那个作文不及格的小学生,如今,他拥有这片广阔的度假庄园,真的实现了儿时的梦想。

老师望着这位庄园的主人,想到自己三十余年来,不敢梦想的教师生涯,不禁喟叹:"三十年来为了我自己,不知道用成绩改掉了多少学生的梦想。而你,是唯一保留自己的梦想,没有被我改掉的。"

梦想是否是不切实际的空想,要看你是否执着于你自己的梦想并付出努力追求它。只要你自己认定了你所要追求的,并且那是正确的,就不要受别人的左右,你自己的梦想你自己做主,别人代替不了。

(参考资料:当当云阅读)

名人名言

世上最快乐的事,莫过于为理想而奋斗。

——苏格拉底

人生应该如蜡烛一样,从顶燃到底,一直都是光明的。

——萧楚女

链接二

实现中国梦、青春勇担当
习近平

青年朋友们,同志们:

今天是五四青年节。在这个属于青春的日子里,很高兴来参加"实现中国梦、青春勇担当"主题团日活动,同各条战线的优秀青年代表一起交流,聆听大家抒发与祖国共奋进、与时代齐发展的青春感受。

首先,我代表党中央,向全国各族各界青年,致以节日的问候!向荣获中国青年五四奖章的青年朋友们,向中国大学生和全国高校辅导员年度人物、中国青年创业奖获得者、全国农村青年致富带头人标兵、"西部计划"优秀志愿者等优秀青年代表,表示热烈的祝贺!向各行各业的先进青年典型,表示由衷的敬意!

我们同青年朋友们到航天城来,就是要实地感受载人航天精神,激励包括广大青年在内的全国各族人民为实现中华民族伟大复兴的中国梦而奋斗。

刚才,不同领域的优秀青年代表作了很好的发言。在你们身上,充分体现了当代青年报效祖国的远大志向、朝气蓬勃的精神风貌、自强不

笔记区

笔记区

息的意志品格、甘于奉献的思想境界，也充分体现了广大青年对中国特色社会主义的坚定信念、对实现中华民族伟大复兴的必胜信心。

青年最富有朝气、最富有梦想。近代以来，我国青年不懈追求的美好梦想，始终与振兴中华的历史进程紧密相联。在革命战争年代，广大青年满怀革命理想，为争取民族独立、人民解放冲锋陷阵、抛洒热血。在社会主义革命和建设时期，广大青年响应党的号召，向困难进军，向荒原进军，保卫祖国，建设祖国，在新中国的广阔天地忘我劳动、艰苦创业。在改革开放历史新时期，广大青年发出团结起来、振兴中华的时代强音，为祖国繁荣富强开拓奋进、锐意创新。在最近的芦山抗震救灾中，大批青年临危不惧、顽强拼搏，广大青年心系灾区、无私奉献，为抗震救灾作出了重要贡献。

历史和现实都告诉我们，青年一代有理想、有担当，国家就有前途，民族就有希望，实现我们的发展目标就有源源不断的强大力量。

党的十八大描绘了全面建成小康社会、加快推进社会主义现代化的宏伟蓝图，发出了向实现"两个一百年"奋斗目标进军的时代号召。根据党的十八大精神，我们明确提出要实现中华民族伟大复兴的中国梦。现在，大家都在谈论中国梦，都在思考中国梦与自己的关系、自己为实现中国梦应尽的责任。

——中国梦是历史的、现实的，也是未来的。中国梦凝结着无数仁人志士的不懈努力，承载着全体中华儿女的共同向往，昭示着国家富强、民族振兴、人民幸福的美好前景。

——中国梦是国家的、民族的，也是每一个中国人的。国家好、民族好，大家才会好。只有每个人都为美好梦想而奋斗，才能汇聚起实现中国梦的磅礴力量。

——中国梦是我们的，更是你们青年一代的。中华民族伟大复兴终将在广大青年的接力奋斗中变为现实。

在革命、建设、改革各个历史时期，中国共产党始终高度重视青年、关怀青年、信任青年，对青年一代寄予殷切期望。中国共产党从来都把青年看作是祖国的未来、民族的希望，从来都把青年作为党和人民事业发展的生力军，从来都支持青年在人民的伟大奋斗中实现自己的人生理想。

现在，我们比历史上任何时期都更接近实现中华民族伟大复兴的目标，比历史上任何时期都更有信心、更有能力实现这个目标。行百里者半九十。距离实现中华民族伟大复兴的目标越近，我们越不能懈怠，越要加倍努力，越要动员广大青年为之奋斗。

展望未来，我国青年一代必将大有可为，也必将大有作为。这是"长江后浪推前浪"的历史规律，也是"一代更比一代强"的青春责任。广大青年要勇敢肩负起时代赋予的重任，志存高远，脚踏实地，努力在实现中华民族伟大复兴的中国梦的生动实践中放飞青春梦想。

第一，广大青年一定要坚定理想信念。"功崇惟志，业广惟勤。"理想指引人生方向，信念决定事业成败。没有理想信念，就会导致精神上"缺钙"。中国梦是全国各族人民的共同理想，也是青年一代应该牢固树立的远大理想。中国特色社会主义是我们党带领人民历经千辛万苦找到的实现中国梦的正确道路，也是广大青年应该牢固确立的人生信念。

广大青年要坚持用邓小平理论、"三个代表"重要思想、科学发展观武装头脑，把理想信念建立在对科学理论的理性认同上，建立在对历史规律的正确认识上，建立在对基本国情的准确把握上，不断增强道路自信、理论自信、制度自信，增强对坚持党的领导的信念，永远紧跟党高高举起中国特色社会主义伟大旗帜。

第二，广大青年一定要练就过硬本领。学习是成长进步的阶梯，实践是提高本领的途径。青年的素质和本领直接影响着实现中国梦的进程。古人说："学如弓弩，才如箭镞。"说的是学问的根基好比弓弩，才能好比箭头，只要依靠厚实的见识来引导，就可以让才能很好发挥作用。青年人正处于学习的黄金时期，应该把学习作为首要任务，作为一种责任、一种精神追求、一种生活方式，树立梦想从学习开始、事业靠本领成就的观念，让勤奋学习成为青春远航的动力，让增长本领成为青春搏击的能量。

广大青年要坚持面向现代化、面向世界、面向未来，增强知识更新的紧迫感，如饥似渴学习，既扎实打牢基础知识又及时更新知识，既刻苦钻研理论又积极掌握技能，不断提高与时代发展和事业要求相适应的素质和能力。要坚持学以致用，深入基层、深入群众，在改革开放和社会主义现代化建设的大熔炉中，在社会的大学校里，掌握真才实学，增益其所不能，努力成为可堪大用、能担重任的栋梁之材。

第三，广大青年一定要勇于创新创造。创新是民族进步的灵魂，是一个国家兴旺发达的不竭源泉，也是中华民族最深沉的民族禀赋，正所谓"苟日新，日日新，又日新"。生活从不眷顾因循守旧、满足现状者，从不等待不思进取、坐享其成者，而是将更多机遇留给善于和勇于创新的人们。青年是社会上最富活力、最具创造性的群体，理应走在创新创造前列。

广大青年要有敢为人先的锐气，勇于解放思想、与时俱进，敢于上下求索、开拓进取，树立在继承前人的基础上超越前人的雄心壮志，"以青春之我……，创建青春之国家，青春之民族"。要有逢山开路、遇河架桥的意志，为了创新创造而百折不挠、勇往直前。要有探索真知、求真务实的态度，在立足本职的创新创造中不断积累经验、取得成果。

第四，广大青年一定要矢志艰苦奋斗。"宝剑锋从磨砺出，梅花香自苦寒来。"人类的美好理想，都不可能唾手可得，都离不开筚路蓝缕、手胼足胝的艰苦奋斗。我们的国家，我们的民族，从积贫积弱一步一步走到今天的发展繁荣，靠的就是一代又一代人的顽强拼搏，靠的就是中华

笔记区

民族自强不息的奋斗精神。当前，我们既面临着重要发展机遇，也面临着前所未有的困难和挑战。梦在前方，路在脚下。自胜者强，自强者胜。实现我们的发展目标，需要广大青年锲而不舍、驰而不息的奋斗。

广大青年要牢记"空谈误国、实干兴邦"，立足本职、埋头苦干，从自身做起，从点滴做起，用勤劳的双手、一流的业绩成就属于自己的人生精彩。要不怕困难、攻坚克难，勇于到条件艰苦的基层、国家建设的一线、项目攻关的前沿，经受锻炼，增长才干。要勇于创业、敢闯敢干，努力在改革开放中闯新路、创新业，不断开辟事业发展新天地。

第五，广大青年一定要锤炼高尚品格。中国特色社会主义是物质文明和精神文明全面发展的社会主义。一个没有精神力量的民族难以自立自强，一项没有文化支撑的事业难以持续长久。青年是引风气之先的社会力量。一个民族的文明素养很大程度上体现在青年一代的道德水准和精神风貌上。

广大青年要把正确的道德认知、自觉的道德养成、积极的道德实践紧密结合起来，自觉树立和践行社会主义核心价值观，带头倡导良好社会风气。要加强思想道德修养，自觉弘扬爱国主义、集体主义、社会主义思想，积极倡导社会公德、职业道德、家庭美德。要牢记"从善如登，从恶如崩"的道理，始终保持积极的人生态度、良好的道德品质、健康的生活情趣。要倡导社会文明新风，带头学雷锋，积极参加志愿服务，主动承担社会责任，热诚关爱他人，多做扶贫济困、扶弱助残的实事好事，以实际行动促进社会进步。

为实现中华民族伟大复兴的中国梦而奋斗，是中国青年运动的时代主题。共青团要在广大青少年中深入开展"我的中国梦"主题教育实践活动，为每个青少年播种梦想、点燃梦想，让更多青少年敢于有梦、勇于追梦、勤于圆梦，让每个青少年都为实现中国梦增添强大青春能量。要用中国梦打牢广大青少年的共同思想基础，教育和帮助青少年树立正确的世界观、人生观、价值观，永远热爱我们伟大的祖国，永远热爱我们伟大的人民，永远热爱我们伟大的中华民族，坚定跟着党走中国道路。要用中国梦激发广大青少年的历史责任感，发扬"党有号召、团有行动"的光荣传统，在党和国家工作大局中找准自身工作的切入点和结合点，组织动员广大青少年支持改革、促进发展、维护稳定。要积极为广大青少年实现梦想提供服务，切实改进作风，深入基层、走进青年，想青年之所想，急青年之所急，代表和维护青少年普遍性利益诉求，努力为广大青少年成长成才创造良好环境。

青年模范人物是广大青少年学习的榜样，肩负着更多社会责任和公众期望，在青少年中乃至全社会都有着很强的示范带动作用。希望青年模范们再接再厉、严于律己、锐意进取，用自身的成长历程、精神追求、模范行动为广大青少年作好表率。

青年兴则国家兴，青年强则国家强。我们党自成立之日起，就始终代表广大青年、赢得广大青年、依靠广大青年。各级党委和政府要充分信任青年、热情关心青年、严格要求青年，为青年驰骋思想打开更浩瀚的天空，为青年实践创新搭建更广阔的舞台，为青年塑造人生提供更丰富的机会，为青年建功立业创造更有利的条件。各级领导干部要关注青年愿望、帮助青年发展、支持青年创业，做青年朋友的知心人，做青年工作的热心人。

青年朋友们，人的一生只有一次青春。现在，青春是用来奋斗的；将来，青春是用来回忆的。人生之路，有坦途也有陡坡，有平川也有险滩，有直道也有弯路。青年面临的选择很多，关键是要以正确的世界观、人生观、价值观来指导自己的选择。无数人生成功的事实表明，青年时代，选择吃苦也就选择了收获，选择奉献也就选择了高尚。青年时期多经历一点摔打、挫折、考验，有利于走好一生的路。要历练宠辱不惊的心理素质，坚定百折不挠的进取意志，保持乐观向上的精神状态，变挫折为动力，用从挫折中吸取的教训启迪人生，使人生获得升华和超越。总之，只有进行了激情奋斗的青春，只有进行了顽强拼搏的青春，只有为人民作出了奉献的青春，才会留下充实、温暖、持久、无悔的青春回忆。

青年朋友们，我坚信，在党的领导下，只要全国各族人民紧密团结，脚踏实地、开拓进取，到本世纪中叶，我们必将建成富强民主文明和谐的社会主义现代化国家，我国广大青年必将同全国各族人民一道共同见证、共同享有中国梦的实现！

（2013年5月4日，在同各界优秀青年代表座谈时的讲话，中国政府网）

笔记区

模块三

弘扬中国精神

感性导言

这是一个古老而神奇的民族，立于世界万邦之林，生生不息、代代相传……

这是一群勤劳而智慧的人民，持续焕发勃勃生机和活力，让中华文明源远流长、历久弥新……

这是怎样的一个民族？

这是怎样的一国人民？

当我们徜徉在5 000多年的文明历史长河中，当我们跋涉在卷帙浩繁的文化典籍里，当我们从960多万平方公里的山野川泽追寻答案时，蓦然发现，有一种特殊的基因，在支撑着这个民族、这个国家一次又一次从灾难中奋起，这种基因就是伟大的中国精神！

弘扬中国精神，是我们每个当代大学生应有的责任和使命。我们要积极响应习近平总书记在新时代发出的号召：实现中国梦必须弘扬中国精神。这就是以爱国主义为核心的民族精神，以改革创新为核心的时代精神。这种精神是凝心聚力的兴国之魂、强国之魂。爱国主义始终是把中华民族坚强团结在一起的精神力量，改革创新始终是鞭策我们在改革开放中与时俱进的精神力量。不断增强团结一心的精神纽带、自强不息的精神动力，永远朝气蓬勃迈向未来。

通过本模块的学习，帮助你正确理解中国精神是民族精神与时代精神的统一；掌握爱国主义的科学内涵和基本要求，明白爱国主义的时代价值，做一个忠诚的爱国者。

名人名言

具有强烈的爱国情怀，是对我国科技人员第一位的要求。

——习近平

虽然科学没有国界，科学家却是有祖国的。正因为祖国贫穷落后，才更需要科学工作者努力去改变她的面貌。

——钱三强

感人案例

案例一

生命，为祖国澎湃
——追记海归战略科学家黄大年

2010年的冬日，黄大年顶着纷飞的雪花，从英国归来，消息震动海外。据外国媒体报道："他的回国，让某国当年的航母演习整个舰队后退

100 海里（1 海里 = 1 852 米）。"

"科研疯子"

投影幕布前，黄大年正如醉如痴地为在场的专家演示其"深部探测关键仪器装备研制与实验"项目的 PPT。靠近他的人嗅到他身上一丝丝冰片的清凉味道……

2016 年 6 月底，在赴京参加这个会的前一天，黄大年突然晕倒在办公室。

"不许跟别人说。"这是黄大年醒来后对秘书说的第一句话。秘书黑着眼圈，瞥了一眼老师带领他们熬了三个晚上整出来的小山一样的材料，没敢吭气儿。

准备项目验收会的时间很紧，黄大年作为项目负责人，连着熬了三个晚上，查遗补漏。直至开会前，胸口仍很憋闷。他习惯性地打开随身带的黑书包，拿出速效救心丸的小瓶子往手里一倒，一仰头扔在嘴里使劲嚼着，走进会场。

翻看他生前的微信朋友圈，他有这样一段内心独白："真正从事科学的人，往往看重与事业发展攸关的情谊群体，面对'知音'常有相见恨晚的遗憾，发展的是与众不同的情……"

在他心里，科学就是他梦中的"情人"。

科技部有关负责人对此印象深刻："当时我们有一项地球勘探项目，想在'十二五'时期取得突破，缺一个领军人物。正在着急，有人推荐了刚回国不久的黄大年。"

"我去长春找了他，第二次见才敢开口求他。因为这个上亿元的项目黄大年分不到一分钱……"

"没问题。"黄大年如此痛快的回答让对方愣住了……

大家并不知道，黄大年看中的是这个项目瞄准的尖端技术——就像在飞机、舰船、卫星等移动平台上安装"千里眼"，看穿地下每一个角落。早在 20 世纪 90 年代，美英等国已使用这项技术进行军事防御和资源勘探。

大家更不知道，几年前，黄大年的父母相继离世时，他在国外忍痛未归，攻关的正是这个技术。

一天都没有等。他把自己关进办公室，没日没夜地设计科研思路。他提出"从移动平台、探测设备两条路线加速推进"；他向吉林大学打报告，创设移动平台探测技术中心，启动"重载荷智能化物探专用无人直升机研制"课题。

没有样机，一连数月，一有空他就跑到无人机模型销售的店铺，看看这个、试试那个。店铺要打烊了，他还赖着不走，最后索性自己掏钱，直接把模型抱回办公室。

为了维护匆忙建成的机库，他这位世界级的大科学家躺倒在卡车前……

事情传开了，有人说他是个"疯子"。他不在意："中国要由大国变成强国，需要有一批'科研疯子'，这其中能有我，余愿足矣！"

就在这种"疯魔"中，中国在这一项目的数据获取能力和精度与国际的研发速度至少缩短了10年，而在算法上，则达到了国际先进水平。

就在这样的"疯魔"中，7年间黄大年带领400多名科学家创造了多项"中国第一"，为我国"巡天探地潜海"填补多项技术空白。以他所负责的第九项目——"深部探测关键仪器装备研制与实验"的结题为标志，中国"深部探测技术与实验研究"项目5年的成绩超过了过去50年，深部探测能力已达到国际一流水平，局部处于国际领先地位……

国际学界发出惊叹：中国正式进入"深地时代"！

"拼命黄郎"

黄大年办公室的墙面上挂着一张巨大的表格，它覆盖整面墙甚至一直延展到天花板——这是黄大年2016年的日程表，密密麻麻：赴西北地区指导地方科技建设；到发达地区指导经济转型；省内部分地区调研地方产业转型；"千人计划"和教育部"长江学者奖励计划"评审……

回国7年，黄大年三分之一的时间都在出差。他出差有个独特的习惯，常常订夜里的航班。

"白天开会、洽谈、辅导学生，到了晚上别人都休息了，他就坐午夜航班去出差，即使在飞机上，他还在改PPT，因此人送绰号'拼命黄郎'。"

"拼命黄郎"的一天大多是这样度过的：

早起，冷水洗脸，一大杯黑咖啡，转头埋在小山似的资料中。

中午，大家去食堂，他盯着电脑喊一声："两个烤苞米。"没有烤苞米，他就从书包里掏出两片皱巴巴的面包。

下午，办公室门口排起长队，校内外的科研机构和专家学者找他请教。

半夜，他不出差就加班，有时还会和一些专家电话交流。

"黄老师经常会接到一些单位的电话，就一些重大突发事件和棘手问题征询意见，时间多半是在后半夜。"

国土资源部、科技部、教育部、中船重工、浙江大学……多个部门和机构里，我们都能找到和黄大年相熟的专家。就连黄大年团队里的成员，也很难搞清楚黄大年同时在承担多少工作。

同一个团队的"千人计划"专家王献昌很担心："你这是拿命在做科研啊！这么下去，铁打的身体也扛不住啊！"

这位"拼命黄郎"却在微信朋友圈里这样说："我是活一天赚一天，哪天倒下，就地掩埋……"

恨不能一分钟掰成八瓣儿用的"拼命黄郎"将自己的生命发挥到了极限。昏倒和痉挛的频率增高了，劝他去体检，他总以忙来推托……

黄大年陀螺一样转着。墙上，2016年11月的日程表记录着他生命中最后的行程：北京—宁波—长春—北京—长春—北京—长春—北京—长

笔记区

笔记区

春—北京—成都。

11月29日，日程表上龙飞凤舞地标记着"第七届教育部科技委地学与资源学部年度工作会"，之后再没任何记录。看着我们疑惑的眼神，黄大年生前的助手、地球探测科学与技术学院教授于平哽咽了——

那天凌晨2点，北京飞成都的最晚航班刚一落地，黄大年就被急救车接走了。

"病人什么情况？"成都市第七人民医院急诊室内，医生一边推着担架床，一边问同行的人员。

"胃很疼，在飞机上就昏过去了。"

"他吃什么了？"

"今天没顾上吃饭，登机前就喝了一瓶冰可乐。"

"可乐？"医生皱皱眉头，伸手想抽出病人怀里抱着的笔记本电脑为他做初步检查，却被对方抱得死死的。黄大年醒来第一件事就赶紧摸了摸怀中的电脑，然后长舒了一口气，对旁边同行的人员说："我要是不行了，请把我的电脑交给国家，里面的研究资料很重要。"

天刚擦亮，黄大年就迫不及待地"逃离"了病房。护士赶过来劝他做进一步检查，他却一边往嘴里塞了一把速效救心丸，一边头也不回地走出了医院："还有个会，挺重要的，我得去。"

回到长春，黄大年被强制做了体检。等结果的那两天，他又去北京出了趟差。

检查结果出来了：胆管癌。

肿瘤已蔓延到胃部和肝部……

2017年1月8日，科学的星空中，一颗璀璨的明星悄然陨落。

整理黄大年遗物，在他卧室床头柜的三个抽屉发现了满满的花花绿绿的治肝病的药，在场的人泪水夺眶而出，不知有多少个深夜，黄大年靠着这些药物熬到天明……

 有感而发

爱国对大多数人来讲，是努力，是奋斗，是拼搏。而对黄大年这样一批杰出的科学家来讲，除此之外还包含了经济方面的牺牲。黄大年在英国享受优越的生活，拥有剑桥大学旁边的花园别墅、宽阔的草坪、豪华的汽车，学医的妻子还开了两家诊所，他已成为少数跻身英国精英阶层的华人之一。但在他眼里，这些都不是他的，祖国才是他的唯一。"对我而言，我从未和祖国分开过，只要祖国需要，我必全力以赴！"

2009年11月24日，黄大年抛掉所有毅然回到祖国、回到吉林大学，成为"千人计划"专家到东北发展的第一人。爱国不是空洞的口号，而是务实的行动。"人的生命相对历史的长河不过是短暂的一现，随波逐流只能是枉此一生，若能做一朵小小的浪花奔腾，呼啸加入献身者的滚滚洪流中推动历史向前发展，我觉得这才是一生中最值得骄傲和自豪的事情。"黄大年回国七年用自己的生命履行了他在入党志愿书中写下的铮铮誓言。

作为中国特色社会主义新时代的大学生，我们要牢记习近平总书记的指示：以黄大年同志为榜样，学习他心有大我、至诚报国的爱国情怀，学习他教书育人、敢为人先的敬业精神，学习他淡泊名利、甘于奉献的高尚情操，把爱国之情、报国之志融入祖国改革发展的伟大事业之中、融入人民创造历史的伟大奋斗之中，从自己做起，从本职岗位做起，为实现"两个一百年"奋斗目标、实现中华民族伟大复兴的中国梦贡献智慧和力量。

▶ **叩心自问**

1. 黄大年如此拼命地工作，为的是什么？
2. 作为大学生应当向黄大年学习些什么？

名人名言

一个真正的爱国主义者，用不着等待什么特殊机会，他完全可以在自己的岗位上表现自己对祖国的热爱。

——苏步青

真正的爱国主义不应表现在华丽的语言上，而是应该表现在为祖国和为人民谋福利的行动上。

——杜勃罗留波夫

案例二

守礁 20 年的南海卫士

李文波：南沙守礁是我一生的荣耀，就算下辈子坐轮椅，也没什么后悔的！

笔记区

李文波，男，48 岁，山东平度人，中国海军南海守礁士兵。他 21 岁毕业于中国海洋大学，当年入伍，三年后赴南沙永暑礁守礁。20 多年来，李文波始终把南沙当家建，把守礁当事业干，他先后 29 次赴南沙执行守礁任务，累计守礁 97 个月，向联合国教科文组织和军内外气象部门提供水文气象数据 140 多万组，创造了国内守礁次数最多、时间最长、成果最丰的纪录，受到了联合国教科文组织的高度评价。

"苦中有作为，开拓创业建南沙"，是李文波精忠报国的人生情怀。南沙距离赤道只有 3 个纬度线，号称"太阳海"。中午最热时，礁堡温度高达 60 度。凡是到过那里的人，都对"高温、高盐、高湿"的艰苦环境有着一种刻骨铭心的感受。而李文波，是一名自南沙巡防区组建伊始就参与南沙建设事业的老南沙。

20 多年来，为了南沙守礁事业，李文波无怨无悔献青春。由于常年守礁，李文波患有多种慢性病，严重的风湿关节炎。2004 年至 2008 年，李文波在每次守礁的后期都会复发严重的风湿病，腰部疼痛难忍，起不了床，走不了路。在南沙守礁 20 年，他由 27 岁的壮小伙变成 47 岁的头发花白的"小老头"。有人问他："你这样拼命地去南沙守礁，到底值不值啊？"李文波总是自豪地说："南沙守礁是我一生的荣耀，就算下辈子坐轮椅，也没什么后悔的！"

建站守礁初期，海洋气象观测站的条件相当的简陋，观测、保障仪器都是人工操作，办公设施相当简陋。李文波不等不靠，立足现有装备条件，加强业务培训，完善值班制度，遇恶劣天气就二人一组互相保护，确保准时观测。由于措施得力，取得了大量准确的观测数据。

李文波自学计算机知识，设计了程序化的水文气象月报表，每月只要输入原始数据，就会自动生成报表，大大节省了人力，也大大提高了资料的准确性。

气象分队成立以来，干部战士想学习专业知识，却苦于无教材，像南沙这样进行水文气象全项目观测的海洋站更是独一无二，南沙海域还有自己独特的水文气象特点，因此，我军没有一本针对南沙的水文气象观测教材。在这种情况下，李文波在巡防区党委的大力支持下，组织分队干部于 1999 年开始编写《南海水文气象观测教材》（2000 年正式出版，成为南海舰队水文气象观测专业通用教材），填补了气象分队没有统一教材的空白。

"铁打的营盘，流水的兵"，气象分队士兵更换频繁，每次守礁都要培养新的气象观测员。作为气象分队的业务骨干，李文波又主动挑起了培养气象观测员的重任，在他的指导和帮助下，气象分队上礁的新兵很快就掌握了专业技能，20 多年来，先后培养了 50 多名合格的气象观测员。

有国才有家，舍小家报国家，是李文波始终恪守的爱国信条。20 多年来，他面临好几次调离南沙，到舒适的大机关、大城市工作的机会，可他却一直没有动摇过。部队领导考虑到李文波常年与家属分居两地，对家庭照顾太少，想办法帮他调回山东老家工作，被李文波婉言拒绝，他说："南沙确实苦，可它再苦也是祖国的一部分，总得有人来建设它、保卫它。我是一名光荣的南沙卫士，我不去守礁谁去守礁！只要身体条件允许，我愿长期在南沙干下去！"

为了保卫南沙、建设南沙，当国与家不能兼顾时，李文波主动舍"小家"为"大家"；当忠孝不能两全时，李文波自觉地选择了为国尽忠、甘于奉献。时至今日，每当谈起自己的家庭，李文波深感愧疚，他说他不是一个合格的丈夫，他对不起自己的妻子，对不起自己的孩子……对自己家庭的照顾得太少太少。

2005年9月，70岁高龄的老母亲突发脑血栓，卧床不起，临终前，不停地念叨着李文波的名字，盼望他能回到自己的身边。但此时的李文波正在南沙执行守礁任务。半年后，当李文波从南沙守礁回来，听到母亲去世的消息后，他连夜赶回山东老家，母亲的坟上已长满了青草。每当讲起自己的母亲，李文波总是低头不语，表情沉重。

妻子掐着指头和他算了一笔账，结婚20多年来，李文波真正和家人团聚的时间不到3年，为了守礁，他先后有9个春节在南沙度过。

20多年的坚守，李文波如同一块礁石，任凭风吹浪打。因为他深知，为了祖国守礁，肩上的责任比天大；在他的心中也有一片海，在那里，祖国的风帆从不曾落下。

（参考资料：央视网）

有感而发

爱国主义体现了人们对自己祖国的深厚感情，反映了个人对祖国的依存关系，是人们对自己故土家园以及民族和文化的归属感、认同感、尊严感与荣誉感的统一。当我们每一个人来到这个世界时，国家为我们提供了生长与发展的物质条件和慰藉心灵的精神家园。没有国，就没有家；没有家，就没有我。这是一个很简单的道理。所以，爱国是每个人都应当自觉履行的责任与义务，是赤子对母亲的报答。

我们要向李文波学习，南沙再苦也是祖国的一部分，把维护祖国领土完整与统一和建设强大的祖国，作为自己神圣的使命、义不容辞的责任。

我们要向李文波学习，心系国家的前途和命运，始终把人民的利益、国家的利益放在前头，摆在首位，舍小家报国家。忠孝不能两全时，只能为国尽忠。

我们要向李文波学习，无论身处何境，都要自觉地努力学习，不断提高自己的专业水平和工作能力，在平凡的岗位上创造不平凡的业绩，为祖国争光。

笔记区

我们要向李文波学习，忠于职守，敢于负责，勇于担当，知难而上，创造性地开展工作，圆满完成祖国交给我们的各项任务，实现人生的最大价值。

李文波就是一面旗帜，引导我们做一名中国特色社会主义新时代的大学生。

▶ 叩心自问

1. 通过案例，你有哪些收获？
2. 你要向李文波学习什么？

名人名言

我们绝不允许任何人、任何组织、任何政党、在任何时候、以任何形式、把任何一块中国领土从中国分裂出去！

——习近平

热爱祖国，这是一种最纯洁、最敏锐、最高尚、最强烈、最温柔、最有情、最温存、最严酷的感情。一个真正热爱祖国的人，在各个方面都是一个真正的人。

——苏霍姆林斯基

案例三

爱国华侨轶事

在伟大的民族战争中，广大海外华侨以空前高涨的爱国之心，开展了波澜壮阔的支援祖国的抗日救亡运动，爱国华侨"输财出力，贡献最多"，为祖国的抗战谱写了光辉的篇章。在华侨支援祖国抗战过程中，涌现了很多可歌可泣的英勇事迹，如陈嘉庚、李林、南侨总会、南侨机工等。

陈嘉庚与南侨总会：1938年10月，为了更大限度地团结侨胞，更加有效地支持国内的对日斗争，南洋等地的爱国侨团的168名代表在新加坡开会，组织南洋华侨筹赈祖国难民总会（简称南侨总会），陈嘉庚为主席，庄西言、李清泉为副主席。南侨总会的主要任务是筹款、购国债、销国货，支援祖国抗战。南侨总会是东南亚华侨支援祖国抗战的最高领导机关，在各地设有分会。

陈嘉庚：1874年出生于福建同安县（今为同安区）集美镇，1890年随父到新加坡经商。从小培养了爱国之心，抗战爆发后，以一腔爱国之心，全身心地投入到抗日运动中，深受南洋华侨的拥护。他不仅自己慷慨解囊，而且在新加坡组织华侨支援祖国抗战活动。他提出"组织华侨千百万，复兴民族一条心"的口号，组织华侨回国参加抗战。他曾致电国民参政会，提出著名的29字提案："在敌寇未退出国土以前，公务员任何人谈和平条件者,当以汉奸国贼论"。1940年3月,陈嘉庚率领南洋华侨回国慰劳视察团归国视察,受到了国内同胞的热烈欢迎。5月31日,他到达延安,代表南洋华侨对中国共产党领导的八路军和边区人民艰苦抗战表示慰问。太平洋战争爆发,新加坡沦陷,陈嘉庚于1942年2月避居印尼爪哇,直至抗战胜利。抗战胜利后,毛泽东为他安全返回新加坡题词:华侨旗帜、民族光辉。1961年陈嘉庚逝世,葬于福建集美自己设计的陵园中。陵墓的墓碑底座上雕刻着三幅浮雕,中间一幅就是当年他访问延安时欢迎会的场景。

李林:广大爱国华侨不仅筹款支援祖国抗战,而且回国参加抗日部队,拿起枪上战场,与侵华日军激战,以宝贵的生命捍卫了祖国的尊严。李林就是其中一位杰出的华侨女英雄。李林出生于福建龙溪县,在印尼长大归国。1936年加入中国共产党,赴山西参加抗日工作,担任抗日游击第6支队骑兵营教导员。1940年1月,当选为晋西北行政公署委员会委员。贺龙表扬她是华侨抗日女英雄。4月下旬,敌军对雁北地区进行大"扫荡",为了掩护党政机关突围,李林带领一个骑兵连吸引敌人主力。因战马中弹,李林被摔下马来负伤。当敌人冲上来时,她毙伤6名敌人后,壮烈牺牲。李林殉国后,中共中央妇女运动委员会发出唁电,称赞她"不仅是我们女共产党员的光荣、模范,而且是全国同胞所敬爱的女英雄"。

南侨机工:在回国支援祖国抗战的华侨中,活跃着一支保护西南大后方唯一的国际运输通道的队伍,这支队伍是南侨机工。1939年2月,南侨总会应国民政府军委会西南运输处的请求,组织了"南洋华侨机工回国服务团",前往新开辟的滇缅公路西南各省服务。总共有3 200多人回国服务,从事繁重的运输和修路工作。滇缅公路是当时西南大后方唯一的国际运输大动脉,担负着重要的运输任务。南侨机工克服重重困难,以忘我的牺牲精神、争分夺秒地为祖国抢运战略物资,平均每天运输300吨以上物资,被誉为滇缅路上的"神行太保"。马来西亚亚槟城的李月美(眉)女扮男装参加了机工队伍,直至一次负伤才被人发现是"现代的花木兰"。据战后统计,滇缅公路上华侨机工有3 900名,抗战胜利后幸存者仅1 784人,其余均已牺牲、病死或失踪,损失过半。

(参考资料:搜狐新闻)

有感而发

海外华人华侨对居住国和祖国有着双重情结,我们对华人华侨的国籍和居住地的选择应给予充分的尊重和理解,对于他们对居住国的热爱应给予支持。华人华侨同样也保留着中华民族优良传统和眷念祖国的伟大情操,盼望中国繁荣富强是共同的愿望。无论哪个民族都热爱自己的祖国,无论在哪里,决不会忘记自己的祖国。中华民族尤以勤劳勇敢,

笔记区

热爱祖国而著称于世。中华民族的爱国精神和民族传统是华侨爱国主义的历史渊源。中国有着三千万的海外华人华侨,这庞大的人口数字就蕴藏着巨大的能量。

几千年以来,中华民族历史上涌现的无数民族英雄和爱国仁人志士,在抵抗外来侵略、反抗专制统治、保护百姓生存和建设神州家园的社会活动中,表现出来的情有独钟、矢志不移、奋不顾身、尽心尽力、无怨无悔的大无畏的英雄主义民族气概,正是爱国主义坚强意志的真实写照。爱国是每一个公民义不容辞、不可推卸的社会责任,是个人作为国家公民和民族一员的角色及其应该承担的义务。中华民族也有着深厚的爱国传统。从陆游的"位卑未敢忘忧国"到顾炎武的"天下兴亡,匹夫有责",从文天祥的"人生自古谁无死,留取丹心照汗青"到鲁迅的"寄意寒星荃不察,我以我血荐轩辕",陈嘉庚也提出"组织华侨千百万,复兴民族一条心"……这些都是强烈爱国情怀的体现。爱国不是非要激情澎湃地表达,也不必时时刻刻挂在嘴上,深情地爱着自己祖国的人,其实是默默无声承受辛苦的绝大多数的人们,生于斯长于斯的一代代人。通过一辈又一辈的努力,守护着这片只属于他们的土地,以祖国的文明、富强和繁荣承载着现实和未来的全部生活。

▶ **叩心自问**

1. 从爱国华侨身上你学到了什么?
2. 华侨们为什么要支持抗战?

名人名言

为了国家的利益,使自己的一生变为有用的一生,纵然只能效绵薄之力,我也会热血沸腾。

——果戈理

宁可一死,也要把从先辈手中接管的祖国交给我们的后代。这就是我们的信念,这就是我们的忠诚。

——华兹华斯

感动体验:红歌连唱

【活动目的】

(1) 通过组织文艺汇演,增强学生的凝聚力,确立团队意识;

(2) 通过传唱爱国歌曲,唱响心中的中国梦,唤起学生心中的爱国激情;

(3) 通过体验与分享,增强学生的民族自豪感,激发学生为国担当的责任感。

【活动准备】

(1) 体验式教学专用多媒体教室;

(2) 推选男女主持人 2～4 名；
(3) 以小组为单位准备曲目并提前报送主持人；
(4) 以小组为单位入座。

【活动过程】

(1) 主持人开场：回首历史，展望未来，伟大的祖国经历过天翻地覆的变化，中国已经在人类的历史上谱写了崛起的辉煌，改革开放以来，更是人心振奋，经济发展，国运昌隆，中华民族正在以崭新的姿势，屹立于世界民族之林。让我们用青春唱响激情，用青春唱响中国梦！

(2) 主持人按事先安排好的曲目顺序组织进行汇演，并适当加入串词。

(3) 小组表演曲目均有一定加分，可累计，汇演结束时公布得分情况。

(4) 全体合唱：《龙的传人》。

感悟分享

（背景音乐）

爱国是一个人对自己祖国的一种诚挚的热爱和深厚的情感，是一个人最原始的感情之一。在每年迎春晚会的热烈气氛中，我们尤其能感受到这股澎湃的爱国热情：千万面迎风招展的五星红旗与蓝天碧云交相辉映，雄壮的《义勇军进行曲》和《歌唱祖国》响遏行云，锣鼓声、鞭炮声在世界各地竞响，狮子舞、长龙舞随"祥云"上下翻飞；白发苍苍的老华侨泪眼涔涔，青春焕发的莘莘学子欢呼雀跃；笑容绽开的母亲怀抱着稚子，孩子的小手中也握着中国国旗……从这股激情中，我们看到了炎黄子孙走向世界的自信和自豪。

①祖国给予了我们什么？
②我们为祖国做了什么？
③你在本次活动中的感受是什么？

小组分享：学生以各小组为单位进行感受分享。
大组分享：由各小组推荐或自荐一名同学上台进行感受分享。

亲历感言（学生填写）

1.
2.
3.

活动点评（老师填写）

1.
2.
3.

笔记区

笔记区

感恩结语

（背景音乐）

刚才，大家全情参与了"红歌连唱"活动，而且是自己主持、自编自导自演，显示了才华和团队协作精神，增进了小组的凝聚力，令老师惊喜连连！部分同学还分享了这一活动带给自己的感受、感悟，令老师非常感动！

希望同学们唱红歌，爱党、爱祖国、爱社会主义！也要爱家人、爱同学、爱自己！

感谢同学让我服务，让我有机会与大家一起，共同感受教育的魅力和成长的快乐！

名人名言

爱国主义也和其他道德情感与信念一样，使人趋于高尚，使人愈来愈能了解并爱好真正美丽的东西，从对于美丽东西的知觉中体验到快乐，并且用尽一切方法使美丽的东西体现在行动中。

——凯洛夫

我是中国人民的儿子。我深情地爱着我的祖国和人民。

——邓小平

感奋践行

1. 书面作业（二选一）

（1）你为这次"红歌联唱"做了什么努力？有何感悟？

（2）作为大学生，你认为怎样才能成为一名忠诚的爱国主义者？

2. 行动项目

根据本模块内容，结合学生日常教育管理要求，提出一项具体行动目标，下次课各小组推选代表做大组分享。

相关链接

链接一

爱国是我终生不渝的情怀

——访全国政协副主席、上海大学校长钱伟长院士

"没有一个独立富强的国家，就没有个人的一切。""我们培养的学生首先应该是一个全面的人，是一个爱国者。"这些，都是科学家、教育家钱伟长的名言。翻开他刚刚出版的《教育和教学问题的思考》一书，第一篇文章便是《物理教学与爱国主义教育的结合》。回首九十年人生之路，钱伟长院士慨叹："爱国是我终生不渝的情怀。"

小时候，我喜欢读古典文学，岳飞、杨家将精忠报国的故事和范仲淹"先天下之忧而忧，后天下之乐而乐"的名言，都曾激荡过我幼小的心灵，使我从小懂得了"国家兴亡，匹夫有责"的道理。20世纪20年代和30年代，我在念书的时候，记得学校一到五月就有许多国耻纪念日。这些特殊的日子刺痛了我的心，使我在国耻教育中长大成人。

考上清华大学是我人生的转折点。我至今清清楚楚地记得，1931年9月16日我跨进清华的校门。到校刚两天，就发生了"九一八"事变，一夜之间日本占领了我们的东北三省。这对我震动很大。我本来是立志学中文的，可是国家的危亡，民族的灾难，深深教育了我，我感到，要改变国家的落后面貌，不受别国的欺负，就必须有强大的科技，用科学来救国。于是，我毅然决定改学理科。当时我物理、化学的基础一团糟，物理系主任吴有训先生不同意。我执意要学，他只好让我试试，但有个条件，每门课都要过70分，不然，第二年就得转系。我拼了命努力，身上似乎有使不完的劲。这是因为精神的力量在支撑着我，爱国的信念在激励着我，使我最终实现了夙愿，走上了科学之路。

在清华读书时，许多老师对我影响很大。他们的学识和抱负，他们的爱国情怀，都令我钦佩和感动。我的老师赵忠尧教授，是中国原子能之父，王淦昌、钱三强等都是他的学生。抗战胜利后，他到美国进修，与别人凑钱，想法购买原子能仪器带回来，可是美国人不让他回来，百般阻挠。他曾绕道日本，被关押一年才回到祖国。只有这样的爱国老师才能培养出那么多优秀人才。

记得当年我出国留学的时候，好些同学立过誓言：一定要把国外最好的东西学到手，凡是我们每人出去所学的学科，回国后国家就再不用派人去学习了。当时我在国外的生活相当好，当过技术方面的"洋官"，每年十万美金，但我不稀罕。我想，我做出的火箭、导弹，为什么要给美国用，而不能为自己的国家所用呢？1946年，抗日战争胜利后，我决定回国。美国人不让我回来，我说，我是中国人，我得回去，你们给我的待遇再好，我也要离开这里。回国后，第一个月的工资只够买一个暖水瓶，但是我从来没有后悔过，从来没有对国家丧失过信心。

现在仍有不少年轻人想出国，我非常理解他们。我赞成留学，但我希望出国留学的青年，千万不能忘记自己的民族责任，要学成回国、励志报国。有一次去英国，我和一些留学生讲到这个问题，大家都感到内疚，我们都流下了眼泪，意识到自己的责任、一种不能推给别人的责任是多么重大！值得欣慰的是，我们的国家发展很快，变化很大，与积贫积弱的旧中国有着天壤之别。虽然还有许多地方不如人家，但我们有信心、有能力赶上去，超过他们。由此我也更加相信，这一代留学生，再也不会走我们过去走过的种种弯路了。

(参考资料：腾讯新闻)

笔记区

名人名言

　　创新是一个民族进步的灵魂，是国家兴旺发达的不竭动力。如果自主创新能力上不去，一味靠技术引进，就永远难以摆脱技术落后的局面。一个没有创新能力的民族，难以屹立于世界先进民族之林。

——江泽民

　　我们中华民族有同自己的敌人血战到底的气概，有在自力更生的基础上光复旧物的决心，有自立于世界民族之林的能力。

——毛泽东

链接二

以改革创新精神助推实现中国梦

刘学谦

　　习近平同志指出："实现中国梦必须弘扬中国精神。这就是以爱国主义为核心的民族精神，以改革创新为核心的时代精神""改革创新始终是鞭策我们在改革开放中与时俱进的精神力量"。坚持改革创新，是当代中国不断发展进步的强大动力，是改革开放以来我们党治国理政的突出特色。实现中华民族伟大复兴的中国梦，必须大力弘扬以改革创新为核心的时代精神。

　　大力弘扬以改革创新为核心的时代精神，必须正确把握其内涵。它主要包含五个方面的内容：一是敢于打破一切不合时宜的旧观念、旧体制、旧习惯的勇气。因循守旧、不思进取，前怕狼、后怕虎，就不可能去改革创新。二是咬定青山不放松的韧劲。对认准的改革创新道路，不迟疑、不动摇，坚定不移走下去。三是牺牲奉献、公而忘私的品格。自私自利或从小集团利益出发搞改革创新，必然把改革创新引到邪路上去。四是尊重科学、大胆探索的求实态度。既求真务实、按规律办事，又不拘陈规、勇于走前人没有走过的路。五是胸怀大局、敢于担当的使命意识。牢记国家兴亡、匹夫有责，自觉为国家富强、民族振兴、人民幸福拼搏奋斗、改革创新。

　　实现中国梦，必须大力弘扬以改革创新为核心的时代精神。我们的中国梦，总体目标是到中国共产党成立100年时全面建成小康社会，到新中国成立100年时建成富强民主文明和谐的社会主义现代化国家，实现中华民族伟大复兴。实现这样一个伟大梦想，不可能一帆风顺，必然会遇到这样那样的困难和挑战。克服困难、应对挑战，离不开大力弘扬改革创新精神。同时，实现这样一个伟大梦想，也不可能像历史上资本主义国家那样采取殖民扩张、巧取豪夺的方式，而是要靠我们自己的努力，走和平发展道路。这样的道路前人没有走过、现实中没有先例，只有靠我们自己大胆探索。只有大力弘扬改革创新精神，才能逢山开路、遇河架桥，最终实现梦想。

　　弘扬以改革创新为核心的时代精神，必须坚持以中国特色社会主义理论体系为指导。改革创新始终存在一个方向是否正确的问题。在当代中国，改革创新必须有利于坚持和发展中国特色社会主义，必须坚持以中国特色社会主义理论体系为指导。中国特色社会主义理论体系是马克思主义中国化的最新成果，对我们的工作和实践具有最直接的科学指导作用。坚持以中国特色社会主义理论体系为指导推进改革创新，要求我们坚持一切从实际出发，实事求是，自觉按客观规律办事，努力推动经济社会科学发展，努力为广大人民群众谋福祉。当前，我们要深入学习贯彻习近平同志系列重要讲话精神，把弘扬改革创新精神与推进改革发展紧密结合起来，为实现中国梦不懈奋斗。

弘扬以改革创新为核心的时代精神，应成为全民族全社会的自觉行动。中国梦归根到底是人民的梦，必须紧紧依靠人民来实现。实现中国梦不是部分人的事，而是全民族的事。这也决定了弘扬改革创新精神不是部分人的责任，而是全社会的责任。只有全社会共同大力弘扬以改革创新为核心的时代精神，才能不断开拓各行各业、各项工作新局面。为此，应加大相关宣传教育力度，增强广大群众改革创新的责任感、使命感和紧迫感，激发广大群众改革创新的智慧和潜能，使弘扬以改革创新为核心的时代精神成为每个人的自觉行动，为实现中国梦提供强大精神力量。

（参考资料：《人民日报》2014年10月23日）

笔记区

模块四

领悟人生真谛

第十四章

微生人生百態

感性导言

（背景音乐）

人生为了什么？怎样的人生才能更有意义并且最有幸福感？这是人类自古以来世世代代都在探寻的重要课题，这也是当今每个大学生都不得不去思考、不得不去面对的一个深沉的话题。

大学时代，是大学生形成正确人生观、价值观的关键时期。人生目标作为人生观的核心，它是人生的航标，指引着人生的航向。树立什么样的人生目标，就会有什么样的人生态度；有什么样的人生态度，就会追求什么样的人生价值。

我们只有找到了自己对生活意义的正确答案，才会自觉地朝着选定的目标努力，以全部的情感、意志、信念去创造有价值的人生。

历史已经赋予了我们这一代——中国特色社会主义新时代大学生的神圣使命与历史重任——实现两个一百年的奋斗目标。到2020年全面建成小康社会；到2035年基本实现社会主义现代化；到2050年把我国建成富强民主文明和谐美丽的社会主义现代化强国，实现中华民族的伟大复兴。

我们是幸运的一代，因为我们生活在伟大的祖国和伟大的时代，享有同祖国和时代一起成长与进步的机会，享有梦想成真的机会，享有更多的人生出彩的机会。

通过本模块的学习，帮助大学生结合自身实际和社会现实，深入思考"人的本质""人生的意义"等问题，从而明辨是非、善恶、美丑的界限；帮助大学生领悟人生真谛，树立正确的人生观，自觉践行社会主义核心价值观，努力在实现中国梦的历程中创造更大的人生价值，把中国梦变成自己的人生梦。

名人名言

一个人活着就应该扪心自问，我们到底应该怎样度过一生，这是一个合情合理的问题，也是一个非常重要的问题。在我看来，问题的答案应该是：在力所能及的范围内尽量满足所有人的欲望和需求，建立人与人之间和谐美好的关系。

——爱因斯坦

理想是人生的太阳。

——德莱赛

笔记区

感人案例

案例一

门巴族的护梦人
——记2014年感动中国十大人物之一格桑德吉

西藏墨脱县是我国最后一个通公路的县，2013年年底才正式通公路。邦辛乡是墨脱最后一个通公路的乡，长期与世隔绝的状况让这里的很多人没有接受教育的机会。格桑德吉童年时代，整个邦辛乡1 000多人，只有1名老师、10名学生，80%以上的村民几乎不识字。

格桑德吉自小刻苦学习，一心盼望着早日走出大山。16岁那年，格桑德吉考入内地西藏班；1998年，她再次以优异的成绩考入河北师范学院（现河北师范大学）附属民族学院汉语言专业。

命运似乎已经转折，但走出大山的格桑德吉却来了个大回环。她要让自己的人生活得有价值，她要帮助更多的墨脱人能识字读书。"我的梦想在墨脱，我必须回到家乡！"2001年6月，大学毕业的格桑德吉与老师和同学话别后，立即返回家乡做了一名教师。

来到邦辛乡小学，当上班主任，格桑德吉首先遇到的问题就是怎样把孩子们拉回课堂。初为人师，看着一双双渴求知识的眼睛，格桑德吉感觉有使不完的劲儿："我要把我所学全部授予他们，我没有理由放弃任何一个孩子。"但她却不得不面对越来越多孩子辍学的困境。

原因并不复杂，一是路不好，常年泥石流、山体滑坡，没有完整的路，家长担心孩子安全；二是观念落后，不少家长认为，读书无用、没前途，还不如打工挣钱或留在家里种地务农。

格桑德吉踏上了家访劝学路。在崎岖而危险的山间小道穿行，成了家常便饭。给家长做工作，格桑德吉往往拿自己做例子：尽管她的家庭条件并不富裕，父母却坚决支持她读书求学，正是父母的理解与支持，让她见到了山外的世界，获得了与其他女孩不一样的人生。在她的劝导下，经过14年的不懈努力，如今门巴族孩子的入学率已达95%，这其中凝结着格桑德吉的许多心血和辛劳。

格桑德吉把每个学生都当作自己的孩子，除了正常的教学外，格桑德吉还经常利用周末和课余时间，把学习较差的同学带到家中为其补课，补一次不行就两次，两次不行就三次。

罗布措姆，是加热萨乡加热萨村的一名女孩，小时候成绩总排在全班最后。细心的格桑德吉通过观察，发现她学习非常用功刻苦。于是，在平常的教学中就经常鼓励她、表扬她，不断激发她的自信心。最终，罗布措姆不仅以优异的成绩考上内地西藏班，而且还考上了北京航空航天大学，圆了自己多年的梦想。

爱是教育的基础。格桑德吉对孩子们是真爱。在邦辛乡宗荣村教学点执教时，格桑德吉正好怀孕了，丈夫经常驻村，无法照顾她，她常常一个人背着粮食和学习用品来往于家和教学点之间，从没有耽误孩子们一节课，直到怀孕9个月以后才回到乡里。

学校现有100多个学生，3/4都住校。大部分学生生活独立性差，不会照顾自己，日常生活自理就成了大问题。格桑德吉还扮演起孩子们"好妈妈"的角色，她教给学生一些生活方面的小常识，培养他们的自理能力。一些实在太小的孩子，格桑德吉就直接帮他们洗衣服、洗被子，让孩子们感觉到家的温暖。有的孩子家里穷，没钱买课外学习资料，格桑德吉常常从自己微薄的工资里抠出钱来，帮孩子们买想看的书。

邦辛乡没有通往各个村庄的公路，只有一条一米多宽的马行道，下面便是100多米深的深谷和湍急的雅鲁藏布江。已是副校长的格桑德吉仍保持着以往的习惯，一到放假，她就和男老师们一起，过冰河、溜铁索、走峭壁，亲自护送孩子们回家。14年，60余次护送，格桑德吉用爱与担当，陪伴孩子们成长。

与艰苦比，还是欣慰多一点。一个曾经很调皮、后来很上进，考上林芝一高的孩子说的话让她感动不已："感谢您，老师，没有您当时的严格要求，我现在上不了高中，学不了知识，只能在家种地放牛……"

14年的坚持，格桑德吉共送200多名孩子走出大山继续学习，其中有6名考上本科、20多名考上大专和中专。感恩的乡亲们亲切地称她为"门巴族的守梦人"。

36岁的格桑德吉，在邦辛乡小学当了14年教师。她用行动实现了自己的人生价值："不想让乡亲的梦，跌落于山崖"。她不顾生活的艰辛，始终坚守在雪山、河流之间。她用一颗心，感动一群人的心；她用一点光，点燃了山间更多的灯火。

有感而发

格桑德吉只是一名普通的人民教师，她的事迹看起来也很平凡，但是做起来却是很难，数年如一日地坚持下来则更难，把平凡的事做到极致就是伟大。

十几年如一日地坚守，为祖国、为养育自己的家乡的教育事业奉献自己的人生。她用自己朴素的心对抗着恶劣的生存环境；用自己执着的信念引领着一批批孩子叩响求知的大门；用自己无私的付出成就了山里孩子的人生。

14年的坚持，她共送200多名孩子走出大山继续学习深造。她用自己的实际行动书写着为人民服务的坚定追求，成为感动中国的"门巴族的守梦人"和"2013年中国最美乡村教师"。

我们在钦佩格桑德吉的同时，更应该学习她的思想品德和高尚情操，并在此感召下积极赋予行动。鲍尔吉·原野有一首诗叫做《人生》："从

笔记区

自己的哭声开始，在别人的泪水里结束，这中间的时光，就叫做幸福。人活着，当哭则哭，声音不悲不苦，为国为民啼出血路。人死了，让别人洒下诚实的眼泪，数一数，那是人生价值的珍珠。"一个人应当也可以为他人做一些力所能及的事情，不在于自己的物质条件是否丰厚、能力是否特别，关键在于一颗为他人、为社会服务的心。只有树立以为人民服务为核心内容的人生观，并尽力奉献自己的爱心和才智，我们的人生才会更有意义和价值，我们的社会才会不断地发展和进步。

▶ **叩心自问**

1. 格桑德吉的人生选择，带给我们哪些启迪和思考？
2. 联系实际，谈谈大学生如何确立高尚的人生目的？

名人名言

无论一个人的天赋如何优异，外表或内心如何美好，也必须在他的德性的光辉照耀到他人身上发生了热力，再由感受他的热力的人把那热力反射到自己身上的时候，才能体会到他本身的价值。

——莎士比亚

燧石受到的敲打越厉害，发出的光就越灿烂。

——马克思

案例二

不该逝去的青春

2018 年 3 月 17 日，滑铁卢大学再次公开宣布，一名学生于校园内身亡，具体死因尚未公布，成了过去 20 天内，滑铁卢大学第三个身亡的学生，离上一次自杀事件仅 10 天，从 2017 年 1 月到 2018 年 3 月，该校已经有 5 名学生在校身亡，除 1 名因健康原因外，其余都是自杀。真是触目惊心啊。据统计，自杀已经成了人类意外死亡最大的杀手。2017 年我国大学生"自杀"事件，相比 2016 年提高了 23%。

2018 年 1 月初，西安交通大学博士溺亡事件在互联网上被广泛关注。据报道：2017 年 12 月 25 日，西安交大博士杨宝德没带手机、钱包和身份证，一个人从学生公寓走出，和所有人失联，第二天，他的尸体在西安灞河中被发现。他选择用溺水自尽的方式离开人世，放弃了风华正茂的人生。

杨宝德 1990 年出生于湖北黄冈农村，本科就读于湖北武汉一所大学，毕业后考到西安交通大学成为硕博连读生。他本是杨家的骄傲，没想到却成了杨家与他女友无法接受的痛。他的人生告白是：生活比你想象的难得多。

（参考资料：新浪教育）

有感而发

近年来,大学生自杀的事件屡屡见诸报端。自杀,已取代突发疾病和交通意外,成为大学生意外死亡的第一大原因。

大学生是祖国的未来,是国家现代化建设事业的接班人。他们的素质及身心健康状况将直接关系到中华民族的兴衰成败。大学生自杀现象已引起了社会各界的广泛关注,人们强烈呼吁:不能让青春之花凋谢。

剖析中国大学生自杀的原因,专家学者一致认为缺乏正确的人生观是最根本的原因。

一是人生目的不清。

许多学生从小苦读,其唯一的目的就是考上大学。一旦考上了大学,原有的目标就消失了,从而导致迷茫。在大学生活中失去了目标,也就失去了继续奋斗的动力。据有关调研报告分析,在大学中给自己确立明确目标的学生占47%,应该确立还没有确立明确目标的人占46%,认为人生无须目标,走一步看一步的人占7%。

二是缺乏正确的人生态度。

人生态度是人生观的重要内容,也是人生观的表现和反映。大学生正确的人生态度应当是认真、务实、乐观、进取。但少数学生由于没有树立正确的人生观,进入大学后就放松了学习,把逃课、通宵上网当成习以为常的事情;对待生活消极无为、与世无争、随大流、跟时尚;或者牢骚满腹、热衷空谈,在困难时看不到希望,在逆境中找不到办法。

三是困惑的人生价值观。

人生价值观是建立在世界观和人生观基础上随时调整人生方向的"罗盘"和"指南针",不同的价值观成就不同的人生。价值观的内容,一方面表现为价值尺度和准则,成为人们判断事物有无价值及价值大小、光荣还是可耻的评价标准。思考价值问题并形成一定的价值观,是人们使自己的认识和实践活动达到自觉的重要标志。

有人说大学是学子心目中的"象牙塔",青年人心中的一片圣土。更有人说,大学是一个熔炉。大学校园融入了天南地北与社会方圆,其中有来自五湖四海的同学,有形形色色、丰富多彩的活动,形成了独有的校园文化;大学校园融入了中学时代的纯真,也包罗了世间百态、人间万象。无论是社会上常见的琐事俗事,还是学校独有的趣闻逸事,都会时常呈现在你面前,关键就要看你怎样去感悟与理解。

案例中的杨宝德看不到大学的精彩,也就找不到人生的价值和意义,于是,在并非艰难的校园中"艰难"地走上了绝路。

四是不能正确对待人生环境。

杨宝德在给女朋友的微信中诉说了自己的迷茫与痛苦:"自从转了导

笔记区

笔记区

师，每天都活在痛苦之中，本来性格并不开朗的我开始变得沉默抑郁。本来就不善于与人打交道的我开始变得恨不得每天谁也不见。我不会拒绝人，基本上老师让我干的所有的合理的、不合理的事我都去干了。对于科研我抓不住重点，总在取舍之间摇摆不定。"俗话说："人生不如意处十之八九。"每个人都有每个人的难处，如果环境不可改变，那么只能改变我们自己。不懂得变通与调节，认准一条道走到黑，结果只能是伤了自己。

人生环境，是人们的社会实践活动所赖以展开的各种关系的总和。我们要创造人生的价值必须立足并依靠所处的特定环境。人生价值能否实现以及实现的程度如何，与如何对待人生环境有着极其重要的关系。

大学阶段，我们要科学对待人生环境：第一，要促进自我身心的和谐。每个人都有身和心两个基本方面。身是心的物质基础，心为身的精神机能，二者相互作用，作为有机体对人的生活实践产生影响。因此，作为一个健康的人，不仅要有健康的生理，还要有良好的心理。第二，要掌握应对心理问题的方法和知识。人一旦遇到困惑与问题，就要敢于面对，切不可采取逃避应付的态度，如果个人处理不了，应当主动寻找专业人士求助。杨宝德人际关系不适是典型的心理问题，他既没有主动求助，也没有尽力解决，从而为自杀埋下了隐患。第三，要积极参加集体活动，增进人际交往。集体活动可以锻炼大学生的组织能力、表达能力、创造能力与交际能力，在集体活动中大家相互熟悉、相互理解，这不仅增进了同学之间的友谊，也获得了彼此相互支持的社会系统。案例中的杨宝德明显缺少这方面的支持。

▶ **叩心自问**

1. 你是如何看待大学生自杀事件的？
2. 你的大学生活快乐吗？你有何认识？

名人名言

有人问我，我觉得自己是这世界上最快乐的人吗？我要说是的。我对人生的三个真谛——价值、目标、宗旨都很清楚，我知道我要往哪里去，所以我很快乐。无论怎样，满足于你所拥有的，比如我，就很珍惜我的"小鸡腿"，不要放弃，爱别人，每天向前走一小步，你一定可以完成人生的目标。

——尼克·胡哲

现实是此岸，理想是彼岸，中间隔着湍急的河流，行动则是架在河上的桥梁。

——克雷洛夫

案例三

活的雕塑

尼克·胡哲出生于1982年12月4日。他一生下来就没有双臂和双腿，只在左侧臀部以下的位置有一个带着两个脚趾头的小"脚"，他妹妹戏称为"小鸡腿"，因为尼克家的宠物狗曾经误以为那个是鸡腿，想要吃掉它。

看到儿子初生时如同一尊残破的雕像，尼克的父母都无法接受。他的父亲吓了一大跳，忍不住跑到医院产房外呕吐。他的母亲也无法接受这一残酷的事实，直到尼克·胡哲4个月大才敢抱他。即使这样，尼克的双亲也没有放弃对儿子的培养，而是希望他能像普通人一样生活和学习。

尼克不能走路，不能拿东西，经常遭到围观的耻辱。没有父母陪在身边时，也难免会受到同学欺凌。8岁时，他非常消沉，经常冲着妈妈大喊"我想死"。10岁时的一天，他试图把自己溺死在浴缸里，但是没能成功。13岁那年，尼克看到一篇刊登在报纸上的文章，介绍一名残疾人自强不息，给自己设定一系列伟大目标并完成的故事。他受到启发，决定把帮助他人作为人生目标。这是他最正确的选择。他开始领悟到了人生的真谛，创造了自己与别人不一样的人生价值。

随着尼克的成长，他学会了怎样应付自身的不足而且开始自己做越来越多的事情，他开始适应他的生存环境，找到方法完成其他人必须要用手足才可以完成的事情，像刷牙、洗头、打电脑、游泳、骑马、打鼓和其他更多的事情。不仅如此，尼克还做到了一些正常人都难以做到的事情。

2003年，尼克大学毕业获得会计与财务规划双学士学位；2005年，尼克出版励志DVD《生命更大的目标》获"澳洲年度青年"称号提名；2008年至今任国际公益组织"Life Without Limbs（没有四肢的生命）"总裁及首席执行官；2009年，出版励志DVD《神采飞扬》；2010年，出版自传式励志书籍《人生不设限》；2011年5月14—17日第四次来中国演讲；2011年11月8—9日第五次来中国演讲，在上海讲述《人生不设限》；2012年12月9—10日第六次来中国演讲，在河南郑州演讲《全球企业家中原对话》；2013年5月14日起，尼克·胡哲世界巡回演讲之旅已经开启，他于5月14日到达首站日本，在亚洲的行程包括：日本、菲律宾、马来西亚、越南、柬埔寨、韩国，以及中国澳门和香港地区；2013年10月2日起，尼克·胡哲开启在拉丁美洲的世界巡回演讲之旅。如此，他确实做到了绝大多数普通人无法做到的事：他成了一名全球知名的励志演说家。

如今，他已经在全球34个国家发表过超过1 500场演讲，每年要接

笔记区

笔记区

到超过3万个来自世界各地的邀请。所有看过他的视频，或听过他演讲的人，都无不发自内心地诚服于他，他已经成为世人心目中与命运顽强斗争的象征，或者说，一尊活的雕塑。

（参考资料：腾讯新闻）

 有感而发

在人生的路上，无论我们走得多么顺利，但只要稍微遇上一些不顺的事，就会习惯性地抱怨老天亏待我们，进而祈求老天赐给我们更多的力量，帮助我们渡过难关。但实际上，老天是最公平的，每个困境都有其存在的正面价值。在人的一生中所遭遇的困境和不解，在当下或许是如此难以接受。但在过后某一时刻会突然觉得，这是最好的安排。上天不会无缘无故做出莫名其妙的决定。它让你放弃和等待，是为了给你最好的。所有的挫折、困境和伤害，只是这个世界温柔补偿的序曲。那些星星点点的微芒，终会成为燃烧生命的熊熊之光。

相信大学生朋友们看了尼克·胡哲的故事，都会感到生命的神圣与尊严，从此在绚烂多彩的生命中不轻言放弃，渴望用自己有限的生命画出和尼克一样美丽的轨迹，在社会大潮中寻找自身价值的实现。

当尼克·胡哲"决定把帮助他人作为人生目标"时，他对人生的目的就有了更为深刻的理解，时时处处为他人着想，有助人为乐的生活态度，就能不为名利所累，不为物欲所惑，就能不断实践高尚的人生价值。

大学生朋友们，每一个人都应该有自己的价值。问题的关键是如何去发现、发挥自己生命的闪光点，让生命的光环更加璀璨。

▶ **叩心自问**

1. 尼克的故事给你哪些启发？
2. 你认为人生的意义究竟是什么？

名人名言

过去属于死神，未来属于你自己。

——雪莱

人生是一个不断历练的过程。只有失败的事情，没有失败的人生。人生也是一个不断失败，且又不断前进的过程。失败，增长的是智慧；挫折，磨炼的是意志。无论任何事情，只要坚持到最后，最终会赢得胜利。生命不止，岁月不熄。

——枫林秋水

感动体验:"生命借记卡"

【活动目的】

(1) 通过体验,促进学生的自我反思和探索,深化对自我的认识。

(2) 通过体验,使学生知道如何生活,理解人生最大的成就在于不断重建自己。

(3) 通过体验,将领悟化为行动,对未来的自我做出积极的评估和展望。

【活动准备】

(1) 每人一支黑色签字笔。

(2) 每人一张印有寿命测试题目的A4纸。

【活动过程】

(1) 教师引导学生坐定后,让学生在放松的姿态中闭上眼睛,然后由助教播放静心音乐。音乐结束后,请学生睁开眼睛。

我们每个人出生的时候,并不是两手空空,而是捏了一张生命的"借记卡"。市面上通行的银行卡有钻石卡、白金卡等类别,生命的"借记卡"则一律平等,并不因为出身的高下和财富的多寡,就对持卡人厚此薄彼。这张卡是风做的,是空气做的,透明、无形,却又无时无刻不在叩打着我们的心灵。

在我们的亲人还没有为我们写下名字的时候,这张卡就已经毫不迟延地启动了业务。卡上存进了我们生命的总长度,它被分解成一分钟一分钟的时间,树木倾斜的阴影就是它轻轻的脚印了。

不知道大家有没有思考过这个问题"我生命的长度会有多少,我已经用去了这长度的几分之几?"今天给大家介绍一个"寿命计算器",它根据我们的生活习惯、身体状况等信息来预测各位的寿命。

(2) 助教分发印有寿命测试题的A4纸。(备注:这一环节如果条件允许,可以让每位同学采用网上在线寿命计算器进行测试,将更加快捷。网址为:http://100.51daifu.com/)

(3) 请各位根据自己的情况慎重、准确地做出选择,并根据括号中的提示算出结果。

(4) 20分钟后,教师引导学生做评估和展望。

也许有人预计到的寿命已经到了八九十岁的高龄。如果把这些年头折算成分分秒秒,一年365天,一天24小时,一小时3 600秒,按照我们能活80年计算,卡上的时间共计是2 522 880 000秒,这真是一个天文数字!

是的,每个人出生的时候,都是时间的大富翁。不过,借记卡有一个名为"缴费通"的业务,可以代缴代扣。生命也是一个消费的过程。就在我们这一呼一吸之间,卡上的数字就要减掉若干秒了。首先,我们

笔记区

要把"借记卡"上大约 1/3 的数额支付给床板,因为我们每天必须睡觉。其次,我们还要用大约 1/3 的时间来吃饭、排泄、运动、交通、打电话,等等。当你的生命刨去了这么多的必须支出后,请算算我们还剩下多少黄金时段?再次,"天有不测风云,人有旦夕祸福"不知道会在生命中的哪一个时刻那卡突然就不翼而飞,在我们毫无准备的时候,生命戛然停歇。

正因为我们不知道生命的长短,生命才更凸显宝贵。也许,运动可以在我们的卡里增添一些跳动的数字?也许大病一场将剧烈减少我们的存款?

那么,在不知道自己有多少银两的时候,精打细算就不但是本能,更是聪明的选择了。

感悟分享

(背景音乐)

当我们有一天离开这个世界时,能带走的唯一物品,是我们空空如也的"借记卡"。当那个时候,我们回首查询"借记卡"上一项项的支出,能够莞尔一笑,觉得每一笔支出都事出有因不得不花,并将这笑容保持到虚无缥缈间,也就是灵魂的勋章了。其实,当我们吐出最后一口气时,我们的"借记卡"就铿锵粉碎了。也许在那之后,有人愿意收藏你的借记卡,犹如收藏一枚精美的古钱币。

(1)你的"借记卡"会有人收藏吗?

(2)在你今后的生活中,你个人认为必须完成的最重要的三件事是什么?

(3)通过本次体验活动,你最大的感悟是什么?

小组分享:学生以各小组为单位进行感受分享。

大组分享:由各小组推荐或自荐一名同学上台进行感受分享。

亲历感言(学生填写)

1.
2.
3.

活动点评(老师填写)

1.
2.
3.

附:寿命测试题

该测试把男性的预期寿命设定为 86 岁,女性则为 89 岁,随着每个问题的回答,数字会相应加减,最后得到答案。

1. 你已婚。(+3 岁)

2. 你和家人之间联系密切，与朋友经常相聚。（+0.25岁）
3. 如何评估你目前的压力水平：低（+0.75岁）；高（-3岁）。
4. 你善于减压（+1岁）；不善于（-2岁）。
5. 每天晚睡3~5个小时（-1岁）；6小时以上（+1岁）。
6. 你接受过多少年的正规教育？16年以上（+0.5年）；低于8年（-0.5年）。
7. 你一周工作多少小时？低于40个小时（+2岁）；40个至60个小时（+1岁）。
8. 你对人生逐渐走向衰老感到乐观（+2岁）；悲观（-1岁）。
9. 你居住的地方空气质量很好。（+0.5岁）
10. 当你在私家车中，你总是会系好安全带。（+0.75岁）
11. 你每天喝多少杯含有咖啡因的咖啡？
2杯以下（+0.5岁）；3杯以上（-0.5岁）。
12. 你每天喝2~3杯绿茶。（+0.5岁）
13. 你吸烟或暴露在二手烟的环境。（-4岁）
14. 你每天都吸烟。（-0.5岁）
15. 你每天吸多少支烟？10支（-5岁）；20支（-10岁）；40支以上（-15年）。
16. 你每天饮用啤酒超过3杯，或含酒精的饮品超过3杯，或4杯白酒。（-7岁）
17. 你每天服用一片阿司匹林。（+2岁）
18. 阳光下你会涂抹防晒油来保护皮肤吗？很少（-1岁）；会做好防护（+0.5岁）。
19. 你没有从事危险性行为，也不注射违法药物。（+10岁）
20. 你每天都用牙线洁牙吗？是的（+1岁）；不是（-1岁）。
21. 你一周吃多少次快餐和熟食。从来不吃（+4岁）；5次以上（-2岁）。
22. 你很少吃烧烤的鱼，家禽或肉类。（+1岁）
23. 你每天会补充钙。（+0.5岁）
24. 如果在正餐之间吃零食，通常你会选择干果。（+0.5岁）
25. 你常吃大量的甜食，如冰淇淋、蛋糕、糖果等。（-1岁）
26. 我每天都吃得很多，肥胖。（-5岁）
27. 你不会把铁作为营养素的一部分来补充。（+2岁）
28. 你一周有多少天能达到至少锻炼30分钟？每周7天（+5岁）；每周三天（+3岁）；很少锻炼（-1年）
29. 你排便不规律。（-0.5年）。
30. 你的总胆固醇水平高于180mg/dl（5mmol/L）。（-2年）
31. 你心脏的收缩压是多少？低于120（+2岁）；高于230（-5年至15年）。

笔记区

笔记区

32. 你心脏的舒张压低于 80。（+7 岁）
33. 你每年都做血糖检测。（+0.5 年）
34. 你的心脏病两年前发作过，但后来也没有采取任何措施来预防它再次发作。（-2 岁）
35. 你的直系亲属中从来没有患有糖尿病者或心脏病者。（+2 岁）
36. 直系亲属中有三位或更多的人患有癌症。（-1 岁）
37. 你母亲活到 90 岁以上。（+2 岁）
38. 你父亲活到 90 岁以上。（+2 岁）
39. 你的祖父母或曾祖父母中有达到或超过 98 岁高龄的。（+2 岁）
40. 你没有借助任何人工生育手段生育最后一个孩子时是多少岁？35～43 岁（+2 岁）。

感恩结语

（背景音乐）

刚才，同学们怀着一种特别的心情测算了自己"生命借记卡"的数字，有人兴奋，有人沮丧，有人茫然，但都引发了心灵的震动和对生命意义的思考。部分同学还分享了这一体验活动带给自己的感受、感悟，老师也深有感触！

的确，生命是宝贵的，也是有限的，更是无法预知的！

只有珍惜生命，珍惜每天每分每秒，珍惜每件经历的事、每个遇到的人，生命才有意义，才有价值！昨天已过去，明天还没来，能把握的只有今天，只有当下！

当下我与你们在一起！我们互为学生，互为师长！感谢你们让我服务，让我与大家一起感受教育的魅力和成长的快乐，使我的生命有了特别的意义和可贵的价值，谢谢你们！

名人名言

希望是附丽于存在的，有存在，便有希望，有希望，便是光明。

——鲁迅

你的人生就是你的，你感觉到风时，风才在吹；你把宇宙放在你的心里，宇宙才存在。其他的，别人替你决定的、别人替你相信的、别人替你承认的，你也许要背负，但时候到了，也可以放下。

——蔡康永

感奋践行

一、书面作业（二选一）

（1）你真的准备为实现"理想宣言"而坚持努力吗？

（2）新时代的大学生应当如何创造有价值的人生？

二、行动项目

根据本模块内容，结合学生日常教育管理要求，提出一项具体行动目标，下次课进行小组交流。

相关链接

链接一

不完满才是人生

季羡林

每个人都争取一个完满的人生。然而，自古及今，海内海外，一个百分之百完满的人生是没有的。所以我说，不完满才是人生。

关于这一点，古今的民间谚语，文人诗句，说到的很多很多。最常见的比如苏东坡的词："人有悲欢离合，月有阴晴圆缺，此事古难全。"南宋方岳（根据吴小如先生考证）诗句："不如意事常八九，可与人言无二三。"这都是我们时常引用的，脍炙人口的。类似的例子还能够举出成百上千来。

这种说法适用于一切人，旧社会的皇帝老爷子也包括在里面。他们君临天下，"率土之滨，莫非王土"，可以为所欲为，杀人灭族，小事一端，按理说，他们不应该有什么不如意的事。然而，实际上，王位继承，宫廷斗争，比民间残酷万倍。他们威仪俨然地坐在宝座上，如坐针毡。虽然捏造了"龙御上宾"这种神话，他们自己也并不相信。他们想方设法以求得长生不老，他们最怕"一旦魂断，宫车晚出"。连英主如汉武帝、唐太宗之辈也不能"免俗"。汉武帝造承露金盘，妄想饮仙露以长生；唐太宗服印度婆罗门的灵药，期望借此以不死。结果，事与愿违，仍然是"龙御上宾"呜呼哀哉了。

在这些皇帝手下的大臣们，"一人之下，万人之上"，权力极大，骄纵恣肆，贪赃枉法，无所不至。在这一类人中，好东西大概极少，否则包公和海瑞等决不会流芳千古，久垂宇宙了。可这些人到了皇帝跟前，只是一个奴才，常言道：伴君如伴虎，可见他们的日子并不好过。据说明朝的大臣上朝时在笏板上夹带一点鹤顶红，一旦皇恩浩荡，钦赐极刑，连忙用舌尖舔一点鹤顶红，立即涅槃，落得一个全尸。可见这一批人的日子也并不好过，谈不到什么完满的人生。

至于我辈平头老百姓，日子就更难过了。建国前后，不能说没有区别，可是一直到今天仍然是"不如意事常八九"。早晨在早市上被小贩"宰"了一刀；在公共汽车上被扒手割了包，踩了人一下，或者被人踩了一下，根本不会说"对不起"了，代之以对骂，或者甚至演出全武行；到了商店，难免买到假冒伪劣的商品，又得生一肚子气……谁能说,

笔记区

我们的人生多是完满的呢？

再说到我们这一批手无缚鸡之力的知识分子，在历史上一生中就难得过上几天好日子。只一个"考"字，就能让你谈"考"色变。"考"者，考试也。在旧社会科举时代，"千军万马独木桥"，要上进，只有科举一途，你只需读一读吴敬梓的《儒林外史》，就能淋漓尽致地了解到科举的情况。以周进和范进为代表的那一批举人进士，其窘态难道还不能让你胆战心惊，啼笑皆非吗？

现在我们运气好，得生于新社会中。然而那一个"考"字，宛如如来佛的手掌，你别想逃脱得了。幼儿园升小学，考；小学升初中，考；初中升高中，考；高中升大学，考；大学毕业想当硕士，考；硕士想当博士，考。考，考，考，变成烤，烤，烤；一直到知命之年，厄运仍然难免，现代知识分子落到这一张密而不漏的天网中，无所逃于天地之间，我们的人生还谈什么完满呢？

灾难并不限于知识分子："人人有一本难念的经。"所以我说"不完满才是人生"。这是一个"平凡的真理"；但是真能了解其中的意义，对己对人都有好处。对己，可以不烦不躁；对人，可以互相谅解。这会大大地有利于整个社会的安定团结。

名人名言

人生最终的价值在于觉醒和思考的能力，而不只在于生存。

——亚里士多德

在心里微笑挥手，是值得练习的心理意象能力。发生不如意的事，心情其实可以不受污染。那些生活中恼人的状况，就仿佛有个满载泥土的大卡车开过来，如果你我迎面接下，全身都受污染；若此时在心里微笑挥手："谢谢，俺不需要"，泥土车就因此擦身而过。心情污染，你不接受，它就不停留。

——张怡筠

链接二

大学生的墓志铭

毕淑敏

那一年，我和朋友应邀到某大学演讲。关于题目，校方让我们自选，只要和青年的心理有关即可。朋友说，她想和学生们谈谈性与爱。这当然是一个极为重要的问题，只是公然把"性"这个词，放进演讲的大红横幅中，不知校方可会应允？变通之法是将题目定为"和大学生谈情与爱"，如求诙谐幽默，也可索性就叫"和大学生谈情说爱"。思索之后，觉得科学的"性"，应属光明正大范畴，正如我们的老祖宗说过的"食色性也"，是人的正常需求和青年必然遭遇之事，不必遮遮掩掩。把它压抑起来，逼到晦暗和污秽之中，反倒滋生蛆虫。于是，朋友就把演讲题目定为"和大学生谈性与爱"。这期间我们也有过小小的讨论，是"性"

字在前,还是"爱"字在前?商量的结果是"性"字在前。不是哗众取宠,觉得这样更符合人的进化本质。

感谢学校给予我们的信任和支持,朋友的演讲题目顺利通过了。但紧接着就是我的题目怎样与之匹配?我打趣说,既然你谈了性与爱,我就成龙配套,谈谈生与死吧。半开玩笑,不想大家听了都说"OK",就这样定了下来。

我就有些傻了眼。不知道当今的年轻人对"死亡"这个遥远的话题是否感兴趣?通常人们想到青年,都是和鲜花绿草、黑发红颜联系在一起,与衰败颓弱、委顿凄凉的老死似乎毫不相干。把这两极牵扯一处,除了冒险之外,我也对自己的能力深表怀疑。

死是一个哲学命题,有人戏说整个哲学体系,就是建立在死亡的白骨之上。我深知自己不是一个哲学家,思索死亡,主要和个人惧怕死亡有关,在我四五岁时,一次突然看到路上有人抬着棺材在走。我问大人,这个盒子里装着什么?人家答道,装了一个死人。当时我无法理解死亡,只觉得棺材很小,一个人躺在里面,蜷起身子像个蚕蛹,肯定憋得受不了……于是小小的我,产生了对死亡的惊奇和混乱。这种惊奇混乱使我在相当一段时间内对死亡很感兴趣。我个人有着数十年从医经历,在和平年代,医生是一个和死亡有着最亲密接触的职业。无数次陪伴他人经历死亡,我不能不对这种重大变故无动于衷。还有很重要的一点,就是我十几岁就到了西藏,那里严酷的自然环境和孤寂的高原冰川,让我像个原始人似的,思索着人从哪里来,要到哪里去这类看似渺茫的问题。

反正由于我脱口而出的一句话,演讲题目就这样定了下来,无法反悔。我只有开始准备资料。

正式演讲的时候,我心中忐忑不安。会场设在大礼堂,两千多座位满满当当,过道和讲台上都有学生席地而坐。题目沉重,我特别设计了一些互动的游戏,让大家都参与其中。

演讲一开始,我做了一个民意测验。我说大家对"死亡"这个题目是不是有兴趣,我心里没底。我不知道有多少人在看到这个题目之前,思索过死亡?

此语一出,全场寂静。然后,一只只臂膀举了起来,那一瞬,我诧异和讶然。我站在台上,可以纵观全局,我看到几乎一半以上的青年人举起了手。我明白了有很多人曾经认真地想过这个问题,比我以前估计的比例要高很多。后来,我还让大家做了一件事——书写自己的墓志铭。有几分钟的时间,整个会堂安静极了,谁要是那一刻从外面走过,会以为这是一间空室,其实数千莘莘学子正殚精竭虑思考人生。从讲台俯瞰下去(我其实很不喜欢这种高高在上的讲台,给人以压迫之感。我喜欢平等的交谈。不单在态度上,而且在地理位置上,大家也可平视。但校方说没有更合适的场地了),很多人咬着笔杆,满脸沧桑的样子。我很抱歉地想到,这个不详的题目,让风华正茂的青年人提前——老了。

笔记区

大约五分钟之后，台下的脸庞如同葵花般地仰了起来。我说："写完了吗？"

齐声回答："写完了。"

我说："好，不知有没有哪位同学，愿意走上台来，面对着老师和同学，念出自己的墓志铭？"

出现了一片海浪中的红树林。我点了几位同学，请他们依次上来。但更多的臂膀还在不屈地高举着，我只好说："这样吧，愿意上台的同学就自动地在一旁排好队。前边的同学讲完之后，你就上来念。先自我介绍一下，是哪个系哪个年级的，然后朗诵墓志铭。"

那一天，大约有几十名同学念出了他们的墓志铭，后来，因为想上台的同学太多，校方不得不出动老师进行拦阻。

这次讲演，对我的教育很大。人们常常以为，死亡是老年人才需要考虑的问题，这是误区。人生就是一个向着死亡的存在，在我们赞美生命的美丽、青春的活力的时候，我们其实就是肯定了死亡的必然和老迈的合理性。试想一下，如果没有死亡，地球上早就被恐龙霸占着，连猴子都不知在哪里哭泣，更遑论人类的繁衍！

从我们每个人一出生，生命之钟的倒计时就开始了。当我写下这些字迹的时候，我就比刚才写下题目的时刻，距离自己的死亡更近了一点。面对着我们生命有一个大限存在这样一个残酷的事实，无论是年老和年轻，都要直面它的苛求。

现代生活节奏越来越快，我们独处的空间越来越逼仄，思索的时间越来越压缩。但死亡并不因为我们的忙碌而懈怠，它步履坚定地持之以恒地向我们走来。现代医学把死亡用白色的帷帐包裹起来，让我们不得而知它的细节，但死亡顽强前进，它是无所不能的，没有任何力量能够抗拒它。

一个人年轻的时候就思索死亡，和他老了才思索死亡，甚至死到临头都不曾思索过死亡，这是完全不同的境界。知道有一个结尾在等待着我们，对生命的宝贵，对光明的求索，对人间温情的珍爱，对丑恶的扬弃和鞭挞，对虚伪的憎恶和鄙夷，都要坚定很多。

那天在礼堂的讲台上，有一段时间，我这个主讲人几乎完全被遗忘了，一个又一个年轻的生命为自己设计的墓志铭，将所有人的心震撼。

有一个很腼腆的男孩子说，在他的墓志铭上将刻下——这里长眠着一位中国籍的诺贝尔奖获得者。

台下响起了热烈的掌声。我想，不管他一生是否能够真正得到这个奖章，但他的决心和期望，已经足够赢得这些掌声。

一个清秀的女孩子说，她的墓志铭上将只有一行字：一位幸福的女人。

还有一个男生说，我的墓志铭上会写着——我笑过，我爱过，我活过……

这些年轻的生命，因为思索死亡而带给了自己和更多人力量。

无数生命的演变，才有了我们的个体。在这一点上，我们不单要感谢我们的父母，而且要感谢我们的祖先，感谢地球，感谢进化所走过的漫漫历程。当我们有了生命之后，我们在性的基础之上，繁衍出了爱。爱情是独属于人类的精神瑰宝，它已从单纯的生殖目的，变成了两性身心融会的最高境地。然而在这一切之上，横亘着死亡。死亡击打着生命，催促着生命，使我们必须审视生命的意义。

后来，我还在一些场合做过相关的演说。我在这里抄录一些年轻人留下的墓志铭，他们让我进一步认识到了讨论死亡对于一个健康心理的建设是多么重要。

"这里安息着一个女子，她了结了她人生的愿望，去了另外的世界，但在这里永生。她的一生是幸福的一生，快乐的一生，也是贡献的一生，无憾的一生。虽然她长眠在这里，但她永远活着，看着活着的人们的眼睛。"

"高尚是高尚者的通行证。"

"我不是一颗流星。"

"生是死的开端，死是生的延续。如果我五十岁后死，我会忠孝两全，为祖国尽忠，为父母尽孝。如果我五年后死去，我将会为理想而奋斗。如果我五个月后死去，我将以最无私的爱善待我的亲人和朋友。如果我五天后死去，我将回顾我酸甜苦辣的人生。如果我五秒钟后死去，我将向周围所有的人祝福。"

怎么样？很棒，是不是？

按照哲学家们的看法，死亡的发现是个体意识走向成熟的必然阶段。一个人的心理健康，更是和他的生命观念、死亡观念息息相关。你不能设想一个对自己没有长远规划的人，会有坚定、健全、慈爱的心理。如果说在以上有关死亡的讨论中，我对此还有什么遗憾的话，就是年轻人普遍把自己的生命时间定得比较短。常有人说，我可不喜欢自己活太大的年纪，到了四五十岁就差不多了。包括现在有些很有成就的业界精英，撰文说自己三十五岁就退休，然后玩乐。因为太疲累，说说玩笑话，是可以理解的。但认真地策划自己的一生，还是要把生命的时间定得更长远一些，活得更从容，面对死亡的限制，把自己的一生渲染得瑰丽多彩。

(参考资料：毕淑敏，《心灵7游戏》)

笔记区

模块五

践行社会主义核心价值观

感性导言

（背景音乐）

道德一词，在汉语中可追溯到先秦思想家老子所著的《道德经》一书。老子说："道生之，德畜之，物形之，势成之。是以万物莫不尊道而贵德。道之尊，德之贵，夫莫之命而常自然。"其中"道"指自然运行与人世共通的真理；而"德"是指人世的德性、品行、王道。"道德"二字连用始于荀子《劝学》篇："故学至乎礼而止矣，夫是之谓道德之极"。在西方古代文化中，"道德"（Morality）一词起源于拉丁语的"Mores"，意为风俗和习惯。马克思主义认为，道德是一种社会意识形态，它是人们共同生活及其行为的准则和规范。不同的时代、不同的阶级有不同的道德观念，没有任何一种道德是永恒不变的。

现代意义上的理解，道德属于上层建筑的范畴，是一种特殊的社会意识形态，是人们共同生活及其行为的准则与规范。道德往往代表着社会的正面价值取向，起判断行为正当与否的作用。道德是指以善恶为标准，通过社会舆论、内心信念和传统习惯来评价人的行为，调整人与人之间以及个人与社会之间相互关系的行动规范的总和。

大学期间是人生道德意识形成和发展的一个重要阶段，在这个时期形成的思想道德观念对同学们的一生影响巨大。加强思想道德修养，牢固树立社会主义荣辱观，做一个知荣辱、讲道德的人是大学生自身全面发展、健康成长的重要条件。

通过本项目的学习、思考和体验，帮助大学生继承和弘扬中华民族优良道德传统和中国革命道德，全面把握社会主义道德建设的核心、原则，培养正确的道德判断力，增强道德责任感，提高道德实践能力，自觉恪守公民基本道德规范，努力养成良好的道德品质。

名人名言

明道德以固本，重修养以强魂，知廉耻以净心，祛贪欲以守节。
——王澍

从孔夫子到孙中山，我们应当给以总结，承继这一份珍贵的遗产。
——毛泽东

感人案例

案例一

仲尼师项橐

河南修武县五里堡村西头的路边上，竖立着一块石碑。石碑上刻着

笔记区

五个楷书大字：孔子问礼碑。

两千多年前，孔子向七岁孩子项橐问礼的故事，就发生在这里。

孔子为了传播他的学说，在学生陪伴下，驾车周游列国。有一天，他们来到了郑国。

一个孩子在路上用碎石烂瓦堆砌着什么，挡住了孔子的车。驾车的子路吆喝道："喂，小孩，快让开，我们的车要过去！"

那孩子没有理睬子路，仍一心一意地堆砌着瓦石。

孔子从车上下来，走到孩子面前说："孩子，给我们的车让让路好吗？"

那孩子抬起头，望了望孔子，说："老人家，您看看我建的是什么？"

孔子低头一看，哈，地上是用碎石烂瓦堆砌成的一座城池。

孔子急着赶路，不太高兴地说："孩子，你怎么不懂礼节？你挡住了车，误了我们赶路啊！"

孩子眨眨眼睛，反问孔子："我不懂礼节？那么，请问老人家，世上是车给城让路呢，还是城给车让路呢？"

知识渊博的孔子，一时不知怎样回答。他想："是啊，我把孩子摆城池当成玩耍，可孩子却不是这样想，他认为这是一座真正的城池，不能说孩子不对啊。再说，城是死的，车是活的，当然城不能给车让路，应该是车绕道过去。我倡导礼义，可我还不如这孩子懂得礼节。"

想到这儿，孔子心平气和地说："你说得对。你叫什么名字？今年几岁了？"

"我叫项橐，七岁。"那孩子答。

孔子感慨地对身旁的学生们说："三人行，必有我师！项橐这孩子很懂礼节，虽然年龄小，但在这一点上可以做我的老师啊！"

说罢，孔子告别项橐，和学生们驱车绕"城"而过。

著名的启蒙读物《三字经》上"昔仲尼，师项橐"的话，讲的就是这个故事。

 有感而发

公共生活是人们社会生活的重要组成部分，公共生活的秩序直接影响着人们的生活质量，公共生活需要道德和法律来约束、协调。自觉遵守公共生活中的道德规范和法律规范，自觉形成良好的行为习惯，是磨炼高尚品格的重要途径。

孔子以项橐为师的故事，不仅是一段佳话，也给我们令人深醒的启示。

循礼而行不逾矩。"城是死的，车是活的，当然城不能给车让路，应该是车绕道过去。"这就如同现在的《道路交通安全法》第四十四条相关规定一样：机动车通过没有交通信号灯、交通标志、交通标线或者交通警察指挥的交叉路口时，应当减速慢行，并让行人和优先通行的车辆先行。也就是要车让人，而非人让车。

平等尊重不卖老。对七岁的项橐，驾车的子路吆喝道："喂，小孩，快让开，我们的车要过去！"孔子急着赶路，不太高兴地说："孩子，你怎么不懂礼节？你挡住了车，误了我们赶路啊！"当项橐据理力争反问孔子："我不懂礼节？那么，请问老人家，世上是车给城让路呢，还是城给车让路呢？"孔子心平气和地说："你说得对。"随即，驱车绕"城"而过。

能者为师好学之。孔子感慨地对身旁的学生们说："三人行，必有我师！项橐这孩子很懂礼节，虽然年龄小，但在这一点上可以做我的老师啊！"师者，传道授业解惑也。师道尊严，受人敬仰。但是师者也不是万能的，也需要不断学习。在待人文明礼貌的过程中虚心学习，这也是我们需要学习孔子的地方。

是否文明礼貌反映了一个人的道德修养，体现了一个民族的整体素质。大学生作为我国社会主义建设事业的接班人，应当自觉履行宪法所规定的公民的基本义务，讲文明、懂礼貌、守礼仪，以展现中国人的良好的国际形象。但同时我们也要记住：礼貌是最容易做到的事情，也是最容易忽视的事情，但它却是最珍贵的事情。

▶ 叩心自问

1. 这个案例给你什么启示？
2. 在大学日常生活中如何做到文明礼貌？

名人名言

没有任何东西比人类的爱更富有智慧、更复杂。它是花丛中最娇嫩的而又最质朴、最美丽和最平凡的花朵，这个花丛的名字叫道德。

——苏霍姆林斯基

道德修养贵乎实行，却不贵看书，但看书能正确我们的道德观念，自也很有益处。

——杨贤江

案例二

灾难无情，校园有爱
——爱心传递道德实践

2018年3月22日和23日中午，我校工会、团委在东南东大厅联合组织为汽车工程学院曹雨浩同学的捐款活动。全校师生积极参与，慷慨解囊，纷纷献出自己的爱心。

曹雨浩同学是我校汽车服务与营销专业151班的学生，于2018年3月16日下班途中因光线不明，撞上在非机动车道上停靠并未开启灯光提示的大卡车，伤情十分严重。曹雨浩同学的父母皆是普通的农民，面对儿子高昂的治疗费用，这个家庭陷入危机。

笔记区

笔记区

　　校工会、团委得知此事，迅速组织全体师生为曹雨浩同学进行募捐，经过爱心传递，共集得善款 45 581.39 元（大写肆万伍仟伍佰捌拾壹元叁角玖分），后续将由汽车工程学院负责善款移交事宜。

　　此次募捐活动充分体现了我校师生团结互助、爱心奉献的精神，用行动诠释"一方有难，八方支援"的中华传统美德。在此，我们向捐赠者表示衷心感谢。

　　最后，祝愿曹雨浩同学早日康复！

（参考资料：硅湖职业技术学院）

捐款现场

 有感而发

　　人们思想品德的社会意义，要经过相应的道德行为才能表现出来。道德行为是人们思想品德最重要的标志。

　　中国传统伦理思想一向崇尚"仁爱"原则，主张"仁者爱人"，强调要"推己及人"。孟子也强调"老吾老以及人之老，幼吾幼以及人之幼"。中国古代教育家也历来重视道德行为实践。孔子特别重视"躬行"，主张"听其言而观其行"。墨子也注重力行。他说："士虽有学，而行为本焉。""务言而缓行，虽辩必不听。"朱熹强调自小练习"洒扫、应对、进退之节"，实践"爱亲、敬长、隆师、亲友之道"，是"修身、齐家、治国、平天下之本。"

　　在现代社会，作为新时代中国特色社会主义的大学生，我们要发挥中华传统美德人伦日用的化育功能，通过组织各种活动，将传统美德融入日常生活，使受教育者在道德实践中获取经验，促其转化为道德信念和情感，从而养成行为习惯。道德实践要贯穿于大学生学习、生活、社会活动的各个方面。但在一定时期内，须有一个主要的目标，而且这一目标应是大多数受教育者经过努力可以达到的。通过献爱心，捐善款的实践活动，推崇"仁爱"原则，对弘扬中华民族的优良传统和高尚品德无疑是积极有益的。

> **叩心自问**

1. 想一想在你以往的生活中那些对你有帮助的人和事。
2. 在大学期间你做过志愿者吗？你愿意帮助别人吗？

名人名言

如果规则是道德的话，人的道德底线是不一样的。

——柴静

对于道德的实践来说，最好的观众就是人们自己的良心。

——西塞罗

案例三

"啥也比不上做诚实人重要"

这本是一个"拾金不昧"的简单故事，然而对于故事的主人公来说，却一点也不简单。因为这笔钱"像一座大山，压得我们10年喘不过气来。"男主人说："我们做了一件错事，不能一错再错了！现在我们只想做回一个诚实的人。"

日前，一对来自吉林省延吉市郊农村的夫妇，将捡来的4万元钱交给了延吉市公安局，请求公安局为他们找到失主。这钱已经在他们家里放了10年。

4万元从天而降

现年49岁的苏大友是一位出租车司机，妻子毕天淑没有工作，还是一个重症肝硬化病人。他们有一个今年刚满16周岁的儿子。

10年前夏天的一个夜晚，苏大友的出租车上来了一男一女两位乘客。到地点后，计价器显示应付费6.3元，而两人却坚持只给5元钱，还骂了很多难听的话，最后竟一分钱没给就扬长而去。两人离开不久，苏大友发现车后座上有个布包，打开一看，里面竟然是一大堆钱，有50元的，有10元的，整整4万元！

苏大友这辈子都没见过这么多钱，想想自己把所有家当卖了也不到1万元，这笔钱足够他买辆二手车或盖间新房子了。他突然感到很害怕。他把钱放到了朋友那里，没再拉活，回家连妻子也没敢告诉。

4天后，几个身材魁梧的男子找到了苏大友，其中一个人就是几天前乘车的男子。还没等苏大友反应过来，几个人就把他拉上了一辆卡车，气势汹汹地一遍遍问他捡没捡到5万元钱，又把他带到当地派出所，对警察说苏大友捡了他们丢的5万元钱不还。苏大友既害怕又生气，就一口咬定没有捡钱。"我要是承认了，哪里去找那多出的1万元啊。"苏大友对记者说，"当时自己也是私心作怪。"毕竟，对他贫穷的家来说，4万元的诱惑力太大了。

笔记区

半年后，警察再次询问苏大友是否捡到了钱，他再次否认了。

10年饱受良心拷问

知道丈夫捡了巨款，毕天淑也害怕了，整天提心吊胆，"钱放在那儿，可我俩就是不敢动，摸一下都觉得难受。"

为了维持生活和给妻子治病，苏大友曾经卖过豆腐、烤过地瓜、卖过血肠、种过菜，后来才开上了出租车。他说："我什么都干过，就是没有撒过谎。平生第一次昧了良心，那种难受劲儿就别提了。"

夫妻俩从此再没有过一天安生日子。穷困的生活太需要钱了，而"良心"二字在他俩的交谈中出现的频率也越来越高。

毕天淑治病需要一大笔钱，曾经几次住院，向亲戚朋友借钱都借遍了，她也没敢动用一分那笔捡来的钱。苏大友后来也患上了肠炎、腰疼等多种疾病。有几次，为了给妻子看病买药，他曾悄悄动用过几张捡来的钱，但一挣到点钱马上又补齐了。

10年里，苏大友夫妇一直饱受着道德良心的折磨。意外之财没带来任何欢乐，相反使他俩陷入了无尽的痛苦之中。苏大友原来开朗活泼，此后却变得沉默了，毕天淑的病情也日益加重。

毕天淑说："我们做了错事，没法教育自己的孩子，没法跟朋友说，没法跟亲戚讲，压力太大了。"

"啥也比不上做诚实人重要。"

毕天淑说，这些年来，他们的孩子渐渐大了，对一些问题开始有了自己的看法，夫妻二人的心病也越来越重了。"我们不是诚实的人，却天天教育孩子做人要诚实守信，有的时候，对孩子讲着讲着心里就突然没了底气。"说着，她哭了。

"我儿子特别懂事，6岁的时候就知道给我做饭吃。家里穷，他就跟我说：'妈妈，你别急，等我学了本领，长大后有了工作，专门给你买好吃的。'每天他上学前，都会叮嘱我：'不要总和别人说人家的家长里短，那样很不好，还容易引起邻里纠纷，你要是在家待腻了就到外面散散步，这样对你的身体也有好处。'越看着这孩子懂事，我就越揪心。"

"我这病已经很重了，说不定哪天就没了。一想到我们做了这样一件不好的事情，并且对孩子隐瞒了那么多年，就感觉很羞愧。我最怕将来孩子知道了这件事，会为我们的行为感到耻辱，抬不起头做人。"

"这些天我一直看电视上关于那个小女孩欣月的故事（欣月，一位失明儿童，在生命垂危之际，她最想去天安门看升国旗。因行动不便，2 000名长春市民为她模拟了一次'天安门'广场升旗仪式。都市快报曾作报道。——编者）。我想，是谁救了她？其实是她自己救了自己。她在病那么重的情况下，想的却是到天安门看升国旗，她的行为感动了千千万万的人，反过来，大家帮她，她的病能治了。这个世界上，善有善报。我们的事做得不光彩，所以自己的身体也一天不如一天。"

苏大友说："现在我们终于想明白了，啥也比不上做回原来那个诚实的人重要。"苏大友夫妇终于在亲人和朋友的鼓励下，走进延吉市公安局。"尽快帮这笔钱找到主人，哪怕失主让我们卖房子还利息也都认了，如果找不到失主就捐到当地的慈善机构。"这是这对患难夫妻对警方的唯一请求。

（参考资料：新浪新闻）

有感而发

曾经听过一个故事：一个小伙子撞到了一位老人，竟扬长而去，有个人追上小伙子，说："你的东西丢了！"小伙子连忙回头来找，那人说："你把老人扶起来，我就告诉你丢了什么。"小伙子只好将老人扶起来，于是，那人说："刚才你的道德丢了，现在你已经拾起来了。"小伙子的脸立刻红了起来。由此可见，生活中不能缺少道德。

道德是一种特殊的社会意识形式。它以善恶为评价方式，主要依靠社会舆论、传统习俗和内心信念来发挥作用的行为规范总和。它通过调整人们之间的相互关系维护社会秩序和稳定。

对一个有良知的人而言，道德是一个无形的紧箍咒。行为端正不触犯道德时，它是不会发作的。而当触犯了道德底线时，那么紧箍咒带来的威力是让人畏惧的，就像案例中一样，饱受良心拷问而不能寐。

所以，我们每一个人都应该自觉遵守道德规范。做到问心无愧，心胸坦荡。诚实是职业道德的一项基本要求，它要求各行各业的从业人员在自己的工作岗位上，都要诚实劳动、实事求是，杜绝弄虚作假、虚报浮夸现象。诚实也是做人的一项基本道德准则，它要求人们为人诚恳，待人诚实，做事实在，追求信誉等。作为大学生，无论何时我们都要用良知战胜贪欲，始终坚守住自己的道德底线。

扪心自问

1. 从案例中你有哪些收获？
2. 道德的本质是什么？

名人名言

良心是由人的知识和全部生活方式来决定的。

——马克思

内不欺己，外不欺人。

——弘一大师

笔记区

感动体验：我爱我家——文明宿舍评比

【活动目的】

（1）通过体验活动，增强学生道德责任感，认真做好宿舍内务工作。

（2）通过体验活动，提高学生道德实践能力，自觉养成文明、卫生的生活习惯。

（3）通过体验活动，增强学生的环境意识，形成温馨融洽的宿舍氛围。

【活动准备】

（1）借用一间多媒体教室。

（2）准备一个投票箱。

（3）准备笔和纸。

（4）奖品及荣誉证书。

（5）助教一名。

【活动过程】

（1）宿舍评比准备阶段（时间一周左右），分为以下3个方面：

①宿舍卫生建设：各宿舍所有成员在宿舍长的带领下，进行内务整理，进行一次彻底的大扫除。

②宿舍文化建设：各宿舍根据自身的特点取一个有代表意义的室名。宿舍可添加装饰物或花草，形成整体布置文雅、舒适、美观，文化及学习氛围浓厚的宿舍环境。

③宿舍制度建设：要求各宿舍成员必须自觉遵守作息制度，服从管理；不乱接乱拉电线，不违禁使用电器；遵守社会公德，不向窗外倒污水、扔果皮、垃圾等；爱护公物，节约水电。

宿舍卫生建设、文化建设和制度建设三项指标由宿舍管理员考核并给分。

（2）宿舍评比阶段，分为以下三步：

①各宿舍课前做好展示宿舍的 PPT，PPT 主要以图片为主，文字为辅。课上派一个代表上台做介绍。

②所有宿舍介绍完毕之后，指导老师请全班同学根据宿舍卫生、文化建设、制度建设及现场展示等综合评定并现场投票。每人限投一个宿舍，否则认定为无效票。

③请助教计票，并统计票数。总得票最高的当选文明宿舍。

（3）文明宿舍颁奖。请当选为文明宿舍的宿舍所有成员上台，指导老师颁发荣誉证书及奖品。

感悟分享

(背景音乐)

中华传统道德文化强调，人之所以不同于其他动物，是因为人有道德。人之所以能保持群体性特征，归根结底是由于人能够遵守一定的道德规范，遵循礼仪，否则人就会因争斗而彼此分离，不能胜物。

中国古代思想家大都认为，在塑造理想人格的过程中，最重要的是积极向上，修身养性，十分注重社会环境对人的道德品质的影响，因此，大学期间宿舍文明非常重要。

文明是什么？文明是一句甜甜的问候，能让大家感到丝丝温暖。文明是什么？文明是简单的让座，能让老人感到点点舒心。文明是什么？文明是互相帮助，互相谦让，能让我们感到更幸福。文明是什么？文明是弯腰捡纸，能让地球更加美丽。

古人云："一室之不治，何以天下家国为！"如果我们每个人文明前进一小步，那么国家文明将进步一大步。人要成大事，就得从小事做起，从爱护自己身边的环境做起。

(1) 通过此次活动，你们宿舍的环境和氛围发生了哪些变化？
(2) 通过此次活动，你认为大学生应当建立哪些良好的行为生活习惯？
(3) 通过此次活动，你最大的收获是什么？

小组分享：由各小组为单位进行感悟分享。

大组分享：由各小组推荐或自荐一名同学上台进行感悟分享。

亲历感言（学生填写）

1.
2.
3.

活动点评（老师填写）

1.
2.
3.

感恩结语

(背景音乐)

刚才，同学们分享了参加《我爱我家——文明宿舍评比》体验活动带给自己的感受、感悟，老师倍感欣慰！宿舍文化是校园文化的基础，宿舍文化的好坏，将直接影响每个大学生的学习、生活、甚至人格的形成。希望同学们彼此珍惜、相互适应、和谐共处、互相帮助，圆满完成大学的各项学习任务。

感谢同学的分享，谢谢你们！

笔记区

笔记区

名人名言

惟诚可以破天下之伪，惟实可以破天下之虚。

——薛瑄

我宁愿以诚挚获得一百名敌人的攻击，也不愿以伪善获得十个朋友的赞扬。

——裴多菲

感奋践行

一、书面作业（二选一）

（1）大学生为什么要加强道德修养？
（2）中华传统美德的基本精神有哪些？

二、行动项目

根据本模块内容，结合学生日常教育管理要求，提出一项具体行动目标，下次课进行大组分享。

相关链接

链接一

道德的力量是无穷的

廖志诚

只有通过卓有成效的道德建设，才能帮助人们树立中国特色社会主义的共同理想和信念，树立社会主义核心价值观，才能调动广大人民群众的积极性、创造性和主动性。

"人民有信仰，国家有力量，民族有希望。"习近平总书记在十九大报告中再次强调了信仰的重要意义。人是有信仰的理性存在物，失去了信仰，人就如同离开了灵魂，失去了生活的勇气和力量，更谈不上对伟大事业的追求。一种信仰一旦形成，就会强烈影响主体的理性、欲望、情感、意志，成为推动主体认识和实践活动的精神力量。道德信仰就是这样一种信仰，它一方面来源于人们对本真道德生活的关注，另一方面又不仅仅以当下事实为根据，而是对至真、至善、至美道德境界的一种渴求。

党的十八大以来，习近平总书记透彻了解人民群众在道德上求真、向善、尚美的迫切愿望，多次提出要高度重视道德建设，不断推动道德建设上新水平和新台阶，为实现中国梦凝聚力量，为统筹推进"五位一体"总体布局和协调推进"四个全面"战略布局以及为实现"两个一百年"的宏伟目标营造良好社会风气。

人而无德，行之不远

早在浙江任职期间，习近平就提出："人而无德，行之不远。没有良好的道德品质和思想修养，即使有丰富的知识、高深的学问，也难成大器。"这段话深刻论述了思想道德与科学文化知识的关系，鲜明地指出了思想道德的重要性。思想道德与科学文化知识皆为人追求全面发展所必备的素质，人的素质尤其是综合素质，是实现人的全面发展的基础。人的综合素质包括思想道德素质、科学文化素质以及身体健康素质等，这几个方面是有机统一、相互促进、协调发展的。

"才为德之基，德为才之帅"。思想道德素质在人的综合素质中起总管和统领的作用，它规定着人的全面发展的性质和方向；身体素质和科学文化素质是思想道德素质的根基，为实现道德素质的发展提供身心基础。如果只局限于知识与技能素质的培养和教育，而忽视了思想道德素质的培养，人的现代素质的提高是片面的，人的全面发展更是畸形的。如果把思想道德素质的培养当作是人的全面发展的全部，那么人的全面发展也只是镜中花、水中月。所以，我国的教育方针提出要把学生培养成有理想、有道德、有文化、有纪律的"四有"公民。其中，有理想、有道德、有纪律，主要是对公民思想道德素质方面的要求；有文化，则是对公民科学文化素质的要求。思想道德素质和科学文化素质两者不可偏废，才能促进人的全面发展。只有拥有一批又一批全面发展的人，经济、政治、文化、社会、生态等各项事业的发展才有可靠保证，实现中华民族伟大复兴的中国梦也就有了人才支撑。

道德是社会关系的基石，是人际和谐的基础

2013年9月，习近平总书记在会见第四届全国道德模范及提名奖获得者时指出："道德是社会关系的基石，是人际和谐的基础，要始终把弘扬中华民族传统美德、加强社会主义思想道德建设作为极为重要的战略任务来抓，为实现中华民族伟大复兴的中国梦提供强大精神力量和有力道德支撑。"这是对道德社会作用的高度概括。大千世界，茫茫人海，每一个人都会不可避免地与他人发生联系，由于每一个人、每一个群体乃至整个社会都有自己追求的价值目标，为了使不同个体、群体乃至整个社会在追求自身价值目标过程中不相互妨碍和伤害，在相互联系过程中，就要制定一些共同遵守的社会规范，以便人们的追求在有序中进行，从而确保社会的有序运行。不管个人自觉与否，其行为都要受到一定社会规范的制约和影响，道德就是其中一种社会规范。在道德领域，它是人们判断自己或他人的想法或行为道德与否的基本尺度，也是指引人们在行为之时选择做与不做以及怎样做的基本准则。在日常生活中，人生犹如大海波澜壮阔，道德规范就如同人生之舟的方向盘或调节器，为每一个人的人生进行导航。只有每一个人都能够自觉遵守道德规范，才能造就一个和谐的社会关系，促进良好社会风气的形成，从而为人们自身的

笔记区

成长和社会发展创造良好的外部环境。

国无德不兴

2012年11月29日，习近平总书记在参观《复兴之路》展览时说："大家都在讨论中国梦。我认为，实现中华民族伟大复兴，就是中华民族近代以来最伟大的梦想。"中国梦不仅仅是经济上物质上的富足，还应当是精神文化上的富有，因为文化是人们的精神家园，道德是文化重要组成部分，它给人们以意义的世界和理想的期待，是支撑人们生存发展的精神支柱。

然而，特殊的国情决定了实现中华民族伟大复兴的中国梦绝不是轻而易举的事情，而是长期、复杂和艰巨的历史任务。因此，习近平总书记指出，"实现中国梦必须凝聚中国力量。"只有全国各族人民就此达成共识，把他们的物质力量和精神力量凝聚起来、组织起来、统一起来，才能完成这样的历史任务。一盘散沙，什么事情都办不成。那么，靠什么来把实现中华民族伟大复兴这一共同目标和共同利益传达给全国人民，变成全体人民的共识呢？靠什么来凝聚和激励全国各族人民同心同德地进行中国特色社会主义现代化建设呢？习近平总书记强调："必须加强思想道德建设，激发人们形成善良的道德意愿、道德情感，培育正确的道德判断和道德责任，提高道德实践能力尤其是自觉践行能力，引导人们向往和追求讲道德、尊道德、守道德的生活，形成向上的力量、向善的力量。"只有通过卓有成效的道德建设，才能帮助人们树立中国特色社会主义的共同理想和信念，树立全心全意为人民服务的道德观和社会主义核心价值观，树立主人翁的责任感和艰苦奋斗的精神，才能调动广大人民群众的积极性、创造性和主动性。如果放弃或忽视这样的道德建设，我们就会失去共同的理想和信念，失去认识共同利益的有效渠道，结果必将导致人人唯利是图、见利忘义、尔虞我诈、腐化堕落，造成拜金主义、享乐主义和利己主义盛行，陷入人人自保、各自为战、一盘散沙的糟糕局面，这样的局面将会使我们一无所有。因此，唯有加强思想道德建设，不断夯实全民族的思想道德基础，才能为中国梦的实现提供强大的动力支持。

（参考资料：《中国教育报》2018年4月12日第5版　版名：理论周刊）

名人名言

遵照道德准则生活就是幸福的生活。

——亚里士多德

因为道德是做人的根本。根本一坏，纵然使你有一些学问和本领，也无甚用处。

——陶行知

链接二

从"家风"传承看习近平如何齐家治国

潘婧瑶　董婧

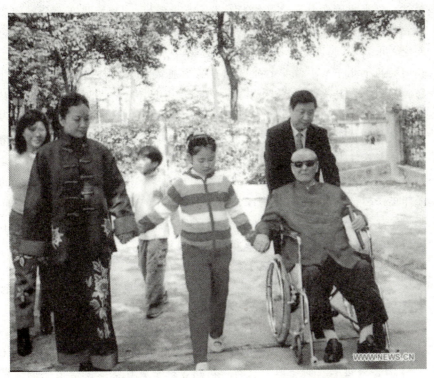

习近平与父亲习仲勋、妻子彭丽媛、女儿的家庭照。

"家是最小国，国是千万家。"在中国传统美德中，"家国天下"的情怀深入每一个中国人的骨髓。

重视家庭、强调家风，注重道德传承，深刻地烙印在习近平治国理政思想中。2016年1月12日，习近平总书记在十八届中央纪委第六次全体会议上发表重要讲话，强调抓作风建设要返璞归真、固本培元，在加强党性修养的同时，要加强道德实践，弘扬中华优秀传统美德和中国革命道德。领导干部要把家风建设摆在重要位置，廉洁修身、廉洁齐家。习近平如何笃行"齐家"而后"治国"，值得我们深思。

继承"习氏家风"：勤俭持家，清清白白做人。

2001年10月15日，时任福建省长的习近平因公务繁忙，无法出席习家为父亲习仲勋举办的88岁寿宴，于是他抱愧给父亲写了一封祝寿信。信中写道，他"从父亲这里继承和吸取的高尚品质很多"，学父亲做人、做事，学父亲对信仰的执着追求，学父亲的赤子情怀，也学父亲的俭朴生活。

习近平深情地回忆说，"父亲的节俭几近苛刻。家教的严格，也是众所周知的。我们从小就是在父亲的这种教育下，养成勤俭持家习惯的。

笔记区

这是一个堪称楷模的老布尔什维克和共产党人的家风。这样的好家风应世代相传"。

据习近平母亲齐心在回忆录《我与习仲勋风雨相伴的55年》中介绍，在习近平幼时，时任副总理兼国务院秘书长职务的习仲勋尽管工作繁忙，仍重视子女教育。习仲勋家里没有请保姆，"他宁愿在业余时间多照管孩子们一些，有时还要给四个孩子洗澡、洗衣服。对此，他视之为天伦之乐"。"也许是仲勋特爱孩子的缘故，所以他特别重视从严教子。我们的两个儿子从小就穿姐姐穿剩下的衣服或者是花红布鞋，就是在仲勋的影响下，勤俭节约成了我们的家风。"习近平曾经为穿他姐姐的旧鞋子而受到同学们的嘲笑，父亲就让他把花鞋染黑了穿。

父辈所传承的家风对习近平影响深远。俄罗斯人民友谊大学教授塔夫罗夫斯基在《习近平：正圆中国梦》一书导言中说，习近平"具有爱国主义和忠于信仰的基因"。法国的中国问题专家阿让·安德烈则在他的著作中介绍："晚上，习仲勋经常和他的孩子们一对一地谈话，晚饭时间也是他教育孩子的机会。习近平的父亲经常引用孔夫子的话，包括著名的'己所不欲勿施于人'，这强烈影响了习近平。"

习近平夫妇为女儿取名明泽。"清清白白做人，做个对社会有用的人"，这其中寄托了他们对女儿的期许，也体现了这种质朴家风的传承。

多次强调家庭、家教、家风："家庭是人生的第一所学校"。

十八大以后，习近平曾多次在不同场合强调家风的作用。2013年10月31日，习近平在同全国妇联新一届领导班子成员集体谈话上强调，发挥妇女在弘扬中华民族家庭美德、树立良好家风方面的独特作用，这关系到家庭和睦，关系到社会和谐，关系到下一代健康成长。"千千万万个家庭的家风好，子女教育得好，社会风气好才有基础。"

2015年2月17日，习近平在春节团拜会上说："家庭是社会的基本细胞，是人生的第一所学校。不论时代发生多大变化，不论生活格局发生多大变化，我们都要重视家庭建设，注重家庭、注重家教、注重家风……使千千万万个家庭成为国家发展、民族进步、社会和谐的重要基点。"

习近平将他从家庭中学习到的廉洁俭朴、实事求是，贯彻到他治国理政过程的每个细节之中，用来要求自己，也要求广大领导干部。在习近平走上领导岗位后，母亲齐心专门开家庭会，要求其他子女不得在他工作的领域从事经商活动。

纽约大学终身教授熊玠在他主编的《习近平时代》一书中说，习近平"继承了父亲实事求是、节俭诚朴的品格，并直截了当地呈现在施政方略的每一个细节之中。比如，他中止了春节期间国家领导人下基层的惯例——工作热情不必非得体现在这个中国最重要的假日，地方干部也可以安心与家人团聚；他简化了高层领导出行警车开道、中断交通的安保环节,并且放弃小轿车,集中乘坐面包车,而他的父亲以中央书记处书记之职去地方调研时,曾严肃制止了当地警车鸣笛开道的做法。"

2015年2月28日,习近平在主持中央深改领导小组第十次会议时强调,领导干部的家风,不是个人小事、家庭私事,而是领导干部作风的重要表现。不久前结束的十八届中央纪委第六次全体会议上,习近平再次对广大领导干部提出了"廉洁修身、廉洁齐家"的要求。

"齐家"首次被列入党内规章:家风是党风廉政建设的"晴雨表"。

2015年10月18日,中共中央印发《中国共产党廉洁自律准则》,以党内纪律规矩的方式,首次将廉洁齐家列为党员领导干部廉洁自律规范的重要内容之一,将树立良好家风列为党员领导干部的必修课,必将开创党风、政风、社风建设的崭新局面。

2015年10月29日,习近平在中共十八届五中全会第二次全体会议上讲话,要求广大党员干部,"要做到廉以修身、廉以持家,培育良好家风,教育督促亲属子女和身边工作人员走正道。"

2016年1月12日,习近平总书记在十八届中央纪委六次全会上的重要讲话中,强调抓作风建设要返璞归真、固本培元,在加强党性修养的同时,弘扬中华优秀传统文化。领导干部要把家风建设摆在重要位置,廉洁修身、廉洁齐家。总书记的讲话,再一次指出了领导干部的家风建设对于廉政建设的重要意义。

党员干部的家风,是反映党风和社会风气的一个重要"窗口",也是党风廉政建设的"晴雨表"。老百姓不仅关心党员领导干部自身廉洁自律、勤政为民的问题,还十分注意其配偶子女在社会上的言行举止。

近年来,领导干部的亲属子女利用权力关系谋取私利、"合作腐败"的例子颇受舆论关注。国家发改委原副主任、国家能源局原局长刘铁男之子,四川省文联原主席郭永祥之子,广西壮族自治区政协原副主席李达球之子等,利用父亲职权或被父亲作为收受贿赂或非法经营的中间人,从而聚敛巨额财富。不仅个人触犯法律,而且影响了领导干部群体形象和威信,更会严重地损害党的声誉。

《人民日报》2016年1月19日发表评论称,作为先锋队,党员干部在家风的道德标准上应该高于普通群众,领导干部应该高于普通党员干部。对于领导干部而言,家风与党风、政风是有紧密联系的,因为在群众看来,领导干部的家庭与干部个人是作为一个整体的,家风的好坏反映领导干部个人作风的好坏。

对领导干部来说,在干好本职工作的同时,应注意抓好家风,对自己的配偶子女,经常进行政治思想与理想信念教育。齐家治国必先修身,每一个领导干部家风正,每一个共产党员家风正,党风必正,政风必正,社会风气必正。

领导干部家风建设是党风廉政建设的一个重要方面,弘扬良好的家

笔记区

笔记区

庭品德，其实也是遵守党纪法规的表现。中央党史研究室宣教局原局长薛庆超在接受媒体采访时说，习近平总书记强调家风，实际上是贯彻群众路线的体现，也是党风廉政建设和反腐败斗争的组成部分。

（参考资料：人民网）

模块六

明大德守公德严私德

感性导言

（背景音乐）

奉献的青春最充实，拼搏的青春最无悔。品格高尚，才能青春勇担当，大学生只有将正确的道德认知、自觉的道德养成、积极的道德实践结合起来，才能成为良好社会风气的倡导者、践行者，成为实现中国梦的伟大推动者、重要参与者。

马克思认为，道德是一种社会意识形态，它是人们共同生活及其行为的准则和规范。不同的时代、不同的阶级有不同的道德观念，没有任何一种道德是永恒不变的。

大学期间是人生道德意识形成和发展的一个重要阶段，在这个时期形成的思想道德观念对大学生的一生影响巨大。加强道德修养，锤炼高尚品格，这既是党和国家、人民对大学生成长成才的殷切希望，也是实现中国梦对青年人的必然要求。

大学生作为领时代风气之先者，不仅要科学认识、自觉弘扬爱国主义、集体主义等社会主义核心价值观，也要明了什么是社会公德、要遵守什么样的职业道德、遵循什么样的家庭美德。中国梦是民族振兴的梦。民族振兴，绝不仅仅是经济实力的提升，也应当是精神世界的提升。高尚的道德和品格，是大学生成长首先必须追求的目标和素质。只有精神高尚，才会心中装着人民，才能为人民利益奋斗，才能面对诱惑保持内心的安宁和行为的端正。

大学生锤炼高尚品格，要善于向品格高尚的人学，坚持求真向善；要积极参加道德实践。在实现中国梦的征程中，大学生要成为主动担当社会责任、善于关爱他人、勇于扶贫济困、扶弱助残、做好事善事实事、建功立业不避细流、不拒点滴小事的青年一代。

通过本模块的学习、思考和体验，帮助大学生了解掌握社会公德的基本内容和基本规范；帮助大学生树立正确的择业观与创业观，树立正确的恋爱观与婚姻观；促进大学生加强个人道德修养，追求崇高道德境界，积极参加道德实践，努力养成良好的道德品质。

名人名言

道德能帮助人类社会升到更高的水平。

——列宁

使人高贵的是人的品格。

——劳伦斯

感人案例

案例一

"傻支书"的"傻"

2014年7月22日,《山西日报》刊文《记山西高平市北诗镇平头村党支部书记苏合儿》,记录了村支书苏合儿的感人事迹。

苏合儿,这个"2012年度高平好人",一说起来群众亲切地称呼他"傻支书",但是这个傻字却不是贬义,而代表着当地的群众对他无私奉献,带领平头村摆脱落后,成长为美丽富有的新农村的一种由衷的敬爱和感谢。在群众眼中,这个支书不是官,而已经成了亲人一样的存在。所以才说自己的支书是傻好人。

傻,就是不精明,不算计,苏合儿从来没有算计过自己为官以来的私利得失,相反,他还是苏母口中的"败家子",挣的钱全部补贴给平头村的村容建设,干部福利,甚至还借款给穷孩子们修了学校。

现在我们的干部,能做到不计较自己的工资收入已属不易,更不要说将自己挣的钱补贴给集体。而"傻支书"苏合儿做到了,他前前后后花在平头村的私有财产超过了1 000万。他的无私奉献得到了村民的拥护和爱戴。在他的身上,我们看到了一种集体主义精神,这种舍小家为大家的精神,使整个集体的风貌都得到了改变,使整个集体都受惠。这种集体主义精神正是我们建设中国梦的过程中需要的。

古往今来,集体主义是我们东方文化的精髓,苏合儿用他的事迹再一次向我们展示了这种舍小家为大家的集体主义,力量是多么的惊人。我们呼唤集体主义精神的回归,以实现美丽中国梦。

(参考资料:江网—张家界站)

 有感而发

在中国的传统道德的文化发展中,公私之辩始终是一条主线。"公义胜私欲"是我国传统道德的根本要求。两十多年前的智者们就认为日夜为公家办事,是一种高尚的道德品质,如《诗经》里提出的"夙夜在公"。《尚书》也有"以公灭私,民其允怀"的思想,认为朝廷的官员应当以公心灭除自己的私欲,这样就可以得到老百姓的信任和依附。可是,在当今现实的社会生活中不是"傻"官就很难做到。据2014年10月8日中纪委监察部网站公布:反"四风"以来,仅查处公款吃喝、参与高消费的问题就达3 083起、4 144人。另据人民日报消息,十八大后全国查处违反八项规定的党员干部74 338人,周永康、徐才厚、申维辰、李崇禧、蒋洁敏等51名省部级以上干部相继落马。因此，在实现中华民族伟大复兴的历史进程中，我们需要更多的像苏合儿这样"傻"的干部。

"傻"是共产党人最真实的奉献。苏合儿说："我是一个村支书，我不能只顾自己，就想实实在在给村里百姓做点实事。"20多年来，他把自己装卸队辛辛苦苦挣的1 000多万元都用在了村里的建设上，带领全村群众踏上了致富奔小康的道路，使这个穷村一跃迈入了社会主义新农村的行列。苏合儿的奉献，村民们看在眼里，记在了心里。

"傻"是共产党人全心全意为人民服务精神的真实写照。苏合儿是高平市北诗镇平头村党支部书记。因为这个身份，他筑路、引水、修桥、建学校，为村民发放生活福利；帮扶救助困难群众，一心只想着如何把村子搞好。正是凭着苏合儿的这股傻劲，平头村这些年取得了巨大的变化和发展。苏合儿是村民心中敬业奉献的大好人，村民们对他只有实实在在的感激和敬佩。也正如他自己所说："作为一名村支书，能够为村里的建设发展，为改善群众生活做点实事，尽心尽力，是我人生中最有意义的事情。"

苏合儿到底傻不傻，相信不管是平头村的村民，还是本文的读者，心里都有数了。作为一个当代的大学生，我们要以苏合儿为师，自觉树立为民服务的信念，为实现我们美丽和谐的中国梦而奋斗！

▶ **叩心自问**

1. 你如何看待苏合儿的"傻"？
2. 通过案例你有哪些收获？

名人名言

仁者爱人，有礼者敬人。爱人者，人恒爱之；敬人者，人恒敬之。
——孟子

衡量一个人的真正品格，是看他在知道没有人发觉的时候做些什么。
——孟德斯鸠

案例二

"兰小草"

2002年11月17日，两位男青年给温州晚报送来一个包裹，里面装着2万元现金，皱皱巴巴，有零有整，还有一封署名"农民的儿子兰小草"的信。

"这两万元是我们辛苦挣来的，捐给急需帮助的人……希望用33年时间，每年捐献2万元'星雨心愿'善款，以报答国家对我们的培养之恩，报答农民'粒粒皆辛苦'的养育之情……"

笔记区

笔记区

  此后，在每年11月中下旬，这个化名"兰小草"的好心人都会托人送来2万元捐款，一送就是15年。

  "兰小草"捐款来去匆匆不留名，联系都是用公用电话，送来的袋子上的一行字格外醒目："祝天下善良的人们平安幸福！——农民的儿子兰小草"。为了揭晓"兰小草"的身份，媒体、慈善机构等用过派人盯守、安装摄像头等方法追查，但善于"游击"的"兰小草"总是一闪而过、无从辨认，或者干脆辗转请人代送。

  直到2017年10月他的真实身份才被公开。

  原来他的真名叫王珏，是浙江省温州市洞头区大门岛岙面村的一名乡村医生。

  1990年，王珏来到大门岛，岛上医务人员紧缺，工作环境颇为艰苦，由于自小跟着父亲学医，又在浙江中医学院（今为浙江中医药大学）进修过，当时只有20岁的他来到岛上，在当地的诊所当了一名乡村医生。工作28年来，他克服海岛生活条件艰苦，缺医少药，交通不便的困难，尽自己最大的力量给当地需要帮助的百姓送去方便。

  家人曾问王珏，为何以"兰小草"的名字行善？王珏当时说：平凡、善良的奶奶特爱画兰花，并且在村里很受尊重，故取名时将"平凡小草"与"高洁兰花"相结合。

  2017年7月，王珏突然觉得身体不适，经诊断，发现是肝癌晚期。尽管这样，他仍与往常一样，继续热心村里的公益事业，为村里老人办了一个公益的中秋节。

  直到生命的最后一刻，他仍念念不忘的是"星雨心愿"公益捐款，他和妻子说："捐款的日子要到了，你把那两万块钱要准备好……"

  他坚持公益捐款十多年，缺席了许多次公益奖项颁奖。直到因病去世，他的真实身份和生平事迹才由家人公布。王珏的事迹经各大媒体报道后感动了全中国。

  2018年3月，王珏获得了感动中国10大人物奖，组委会给他的颁奖词是："碧草之芬，幽兰之馨；有美一人，在海之滨。留下丰碑，芳香无尽。每年的十一月十七，狮子座流星雨如期而至，那一刻，映亮了夜空中你最美的背影。"

  如今，"兰小草"已经是"爱"的代名词，王珏先后被追授为"中国最美医生""浙江骄傲""浙江好人""最美温州人""温州道德模范特别奖"、2017年"中国好医生、中国好护士"月度人物。在温州，"兰小草"设立了爱心宣传日和"兰小草"爱心驿站，成立了"兰小草"志愿者服务队。

  王珏的妻儿作为代表领奖。他的儿子王子震表示，父亲一直是自己的楷模。父亲生前告诉他"爱别人就是爱自己"，他一定会不负期望，将"兰小草"的精神延续下去。

  君从海岛来，送来兰花草。小草有芬芳，正如君之好。每次念君时，也送世人草。而今君虽去，芬芳到海角。

有感而发

　　当人们得知只见"善"不见人的道德偶像"兰小草"的真实身份时，王珏已经因病离世。一百多名认识他或不认识他的市民前往凭吊。其中，来自洞头大门岛的三十多名老人因风浪船停航，特意乘了两个多小时的汽车从乐清转到"兰小草"家中，对"兰小草"的妻儿进行慰问并表达哀思。

　　5年前的除夕，大哥聊起了从温州晚报上看到的"兰小草"的报道，随口说了句："他每年都捐2万元，家里肯定有几千万元财产。"此时，王珏妻子无意中回了一句："那也不一定，你弟有什么钱，只不过在坚持……"未待说完就被王珏打断了，并转移了话题。自那以后，兄弟几个知晓了王珏就是"兰小草"，但家人们都尊重他的行善方式，也没向外界披露。

　　第一次"星雨心愿"是王珏与在乐清市开理发店的小舅子侯海国一起送的。那天，王珏起了个大早，叫上侯海国说："陪我一起到温州送个东西。"他们从乐清乘公交到永嘉瓯北，乘渡船到望江路，再乘公交车到物华天宝，下车到温州晚报一楼送了善款，仅几秒钟就匆匆离开。侯海国说，一路上，王珏省吃俭用，连打的都舍不得。

　　在路上，王珏对侯海国说，今后每年的今天，你都要帮我送个包裹到晚报来。

　　王珏很信任侯海国，侯海国也是最早知道"兰小草"就是他姐夫的人，也帮姐夫一直守住了他的行善规则。15年的"星雨心愿"有14年是他送来的，至于一次不让他送，是王珏"处罚"他，因看报纸发现侯海国与记者多说了几句话，王珏希望能默默地行善。

　　岛上空巢老人居多，王珏对待病人如同家人般照料，一次村里的一位年岁已高的阿婆在卫生室打完点滴，行走不便，王珏二话不说主动背起阿婆，把她送回家，阿婆感动不已。还有一次恰逢台风天，隔壁村的林阿姨的孙子发高烧，王珏不顾外面风大雨大，背起医药箱就往林阿姨家里赶，并医好了林阿姨孙子。

　　一天凌晨3时多，有人急促地敲王珏家的门，说要买药。王珏儿子说，这么迟了，叫他明天来吧。王珏边去开门边说："儿子啊！你要换位思考一下，假如你生病了……"

　　王珏有位非常善良的妻子侯海平，王珏接诊生活困难的病人，除免费看病送药外，侯海平还做饭给他们吃，给他们回去的路费。

　　当地有所敬老院，王珏夫妇连续15年端午节为数十位老人送粽子，中秋节送月饼，过年过节发红包。村里修桥铺路，王珏都会积极捐款……

　　中华传统美德一向崇尚"仁爱"原则，主张"仁者爱人"，强调要"推己及人"，扶弱济贫、扶危济困。王珏就是中华传统美德的典范，是

笔记区

每个大学生都要学习的道德模范。

▶ 叩心自问

1. 通过案例，你学到了什么？
2. 你认为中华传统美德中最重要的是哪个？为什么？

名人名言

子贡问政。子曰："足食，足兵，民信之矣。"子贡曰："必不得已而去，于斯三者何先？"曰："去兵。"子贡曰："必不得已而去，于斯二者何先？"曰："去食。自古皆有死，民无信不立。"

——《论语》

在一个人民的国家中还要有一种推动的枢纽，这就是美德。

——孟德斯鸠

案例三

诚信，为什么成了"稀缺资源"？

在新华社与新浪、搜狐、网易共同发起的"为曾经的不诚信，我道歉"征集活动中，清华大学学生张晔写来一封有关诚信与谎言的信，在微博、微信中引起反响。有人将不诚信现象多发归咎于监管不力；有人倡议，想让社会改变，先要改变自己。

张晔感叹，平时很少意识到，不诚信，实际距我们只有一步之遥。

她说：关于各种不诚信，不是头一次听说。饭店，有人在用地沟油；捐款，不一定能交给最需要的人；履历光鲜的年轻官员，常会让人打个问号……击穿信任底线的事件一再发生，最终铺就了我的疑窦丛生。在太多的见怪不怪中，我似乎习惯了那些掩饰和欺骗。我，还有身边很多人，都习惯了什么事一发生就自然地预设在坏的一边。诚信，本应是社会交往的基石，却慢慢成了当下社会最稀缺的资源。

为什么会变成这样？"我们，距离不诚信者，也只有一步之遥。"张晔写道。

这封信提出，如果不诚信随处可见，那可能我们每个人都有份。如果我们缺乏安全感，可能我们也在用自己的行为不断增添着这个社会的不安全感。

张晔反躬自问：如果我未曾以赤诚之心视己，也不敢以赤诚之心待人，又怎能重回一个诚信的世界？

在信的结尾，这位大学生呼吁：假如每一级政府、每一家企业、每一个人都这样做，世界是否能变得更美好一些呢？

（参考资料：新华网）

有感而发

"诚"最早见于《左传·文公十八年》,云"诚者,实也";孟子认为"诚"是天的法则,追求"诚"是做人的原则和本性;《中庸》对诚做了全面而完整的论述,建立了一个以诚为核心的伦理道德体系,提出了"君子诚之为贵"的命题,认为有诚方有德,无诚则无德。"信",孔子在《论语·为政》中说:"人而无信,不知其可也。"《左传·成公十七年》中说:"人所以立,信、知、勇也。"《礼记》中明确叙述,"大道之行,天下为公,选贤与能,讲信修睦。"

诚信是中华民族几千年来形成的道德传统和文明成果,也成了人们处理个人与社会,个人与个人之间相互关系的基础道德规范,是发展社会主义市场经济的基础行为规范,是社会主义事业的建设者和接班人的基本素质要求。党的十八大报告从公民个人层面上提出,倡导爱国、敬业、诚信、友善,积极培育社会主义核心价值观。诚实守信不仅是大学思想道德教育的重要内容,更是大学教育的重要目标之一。

不诚信,并非"距我们只有一步之遥",而它就发生在大学生中间。在今天的大学校园里,大学生不诚信的现象比比皆是,学业方面:作业抄袭、考试作弊、社会调查报告和论文抄袭是当前大学生最普遍、最直接的几种不诚信行为。为了通过某些技能考试,学生还聘请枪手,运用高科技手段以达到目的,例如,大学英语四六级所使用的隐形耳机等。学费缴纳、助学贷款方面:学费和贷款挪作他用,毕业之后欠贷不还。为人处事方面:做事不讲信用,不守时间,不遵循规章制度、言行不一,出尔反尔等。就业方面:签约后随便违约,不辞而别等。更有甚者,造假证或在简历上写一些名不副实的内容,导致最后被用人单位查处,严重损害了大学生的形象。

诚信,是每个人人格形成的基础,诚信的缺失不只是存在于大学生中间,而是存在于各个行业,各个领域。社会的潜规则与社会的不道德使得我们的诚信在慢慢地"溜走",扶起摔倒的老人被误认为是肇事者,所以人们收起了"热心";被车压倒的小孩没人敢救,难道真的是见死不救?

有时,诚信被践踏在人们的脚底下,并不是因为个人品德修行不够,而是社会的某些歪风邪气助长了个别人的别有用心,才使得我们缺失了做人的基本道德。

在社会主义市场条件下,大学生的诚信意识、诚信行为、诚信品质,影响着良好社会风尚的形成,关系到社会主义和谐社会的构建,在一定意义上影响着祖国的未来。因此,作为一名肩负实现中华民族伟大复兴的历史使命的当代大学生,就必须自觉践行和弘扬社会主义核心价值观,自觉加强诚信道德建设,把诚信作为高尚的人生追求、优良的行为品质、立身处世的根本准则。

笔记区

笔记区

▶ **叩心自问**

1. 你对诚信成了最稀缺资源是如何认识的？
2. 结合案例谈谈大学生应该如何树立诚信品质？

名人名言

留给子孙的最佳的遗产，是光明无瑕的模范品格。

——温司洛普

诚者天之道也，思诚者人之道也。至诚而不动者，未之有也；不诚，未有能动者也。

——孟子

感动体验："心是口非"

【活动目的】
(1) 通过活动了解什么是诚信，明白不诚信的后果。
(2) 认识诚信在与人交往中的重要性，并决心落实到实际行动中去。

【活动准备】
(1) 每人准备 A4 纸一张、黑色水笔一支。
(2) 随机将学生分为两人一组。

【活动过程】

感性导言（背景音乐）

诚信是中华民族的传统美德，是全人类所认同的道德规范。诚信，对于提升整个社会的道德水平，促进经济的发展、社会的稳定等具有重大的意义。我们当代大学生是国家的未来建设者和接班人，我们的诚信状况将直接关系到我国社会主义现代化建设能否顺利进行。接下来我们进行一个体验活动，感悟一下"诚信"的重要性。

1. **情境抉择**

(1) 我们先来测试一下，在现实的人际交往中，对于下面的问题，你选择的是愿意还是不愿意？

你愿意生活在一个充满欺骗的家庭吗？
你愿意与不诚实的人交朋友吗？
你愿意在信用度不高的店里购买物品吗？

(2) 每位同学用一分钟的时间思考：为什么做出这样的选择？
(3) 时间到，指导老师随机请出 3 位同学分享思考的结果。

2. **感动体验**

(1) 指导老师请全体同学起立，根据课前排好的顺序 2 人一组，相对而坐。
(2) 2 人坐好后，相互握手，微笑问好，并相互做简单的自我介绍。

(3) 由其中 1 人任意提出 3 个问题，问的问题只有 2 个答案：是或否（如：请问你是不是江苏人？）。另一个同学回答。回答的时候，用动作，摇头或点头表示真实的答案，而嘴里说的却是错误的答案。

(4) 提问和回答问题的同学相互交换。

感悟分享

（背景音乐）

古人认为：诚是最容易做到的，也是最难做到的。于是有人说：口是心非是人的天性。嘴上说的和实际做的是很难一致的。可是，在感动体验中你却很难做到心口不一，即使做到你也会感到很别扭。而在日常生活中，我们心里想的和嘴里说的经常都是一样的，叫做心口如一。这说明：不说假话是人的最起码的品质，也是社会最基本的道德规范。试想想：在一个人人讲的都是假话的社会中你会如何生活。我们的答案是：你根本无法生活。所以，"讲诚信"是一个最基本的做人道理，如果一个人连这个最基本的做人的条件都不具备的话，那么他最终必将被社会所唾弃。

请大家分享刚才参与体验活动的感受：

(1) 在过去的日子里，你是否有过"不诚信"的行为？

(2) 在感动体验中你真实的感受有哪些？

(3) 通过本次感动体验你有什么样的收获？

小组分享：学生以各小组为单位进行感受分享。

大组分享：由各小组推荐或自荐一名同学上台进行感受分享。

亲历感言（学生填写）

1.
2.
3.

活动点评（老师填写）

1.
2.
3.

感恩结语

（背景音乐）

刚才，同学们参与了"心是口非"的体验活动，感悟了"诚信"的重要性，部分同学还分享了这一体验活动带给自己的感受、感悟，令老师深有感触！

诚信，是社会最基本的道德规范。只有人人讲诚信，社会才有进步，经济才能发展。在信息化、互联网+时代，诚信更显得至关重要！

笔记区

笔记区

感谢同学的分享，让我感受教育的魅力、成长的快乐、诚信的价值，谢谢你们！

名人名言

一个人的价值，就应看他贡献什么，而不应当看他取得什么。

——爱因斯坦

英雄就是这样一个人，他在决定性关头做了为人类社会的利益所需要的事。

——伏契克

感奋践行

一、书面作业（二选一）

（1）网络生活为何需要诚信？
（2）你对追求崇高的道德境界有何认识？

二、行动项目

根据本模块内容，结合学生日常教育管理要求，提出一项具体行动目标，下次课进行小组交流。

相关链接

链接一

国家很重　个人很轻
谷业凯　余建斌

有一群这样的人——"轻"，让他们的梦想更接近星空和宇宙；"重"，让他们的脚步更加豪迈壮阔。

他们就是中国航天员。

国家很重　个人很轻
"我为祖国感到骄傲"

2003年10月16日6时23分，神舟五号载人飞船返回舱着陆在内蒙古中部的阿木古郎草原，当航天员杨利伟身着乳白色航天服跨出返回舱时，说的第一句话就是"我为祖国感到骄傲"。此后，聂海胜两度飞天、景海鹏三上太空，每次凯旋后的第一句话，还是"我为祖国感到骄傲"。

八个字，字字恳切，重逾千钧，折射出航天员对祖国和人民的挚爱。这份挚爱源于深知：为托举他们一飞冲天，在祖国航天的各条战线上，多少人把铺盖搬到车间，多少人伏在桌案上入眠，多少老专家透支了健康，多少年轻人霜染两鬓……

"祖国托举我飞天!"景海鹏记得,为了研制我国自己的舱外航天服,女设计师张万欣先后7次赴俄罗斯参加学习培训,不仅刻苦钻研技术原理,还主动参加操作训练。由于身材瘦小,她穿上充气加压后的舱外服,关节活动非常吃力,每次训练结束后都浑身湿透,累得瘫倒在地,半天也站不起来……俄罗斯专家十分惊讶地问:"她不会就是你们中国选出来的女航天员吧?"科研人员把一天当作两天用,硬是靠着这种坚韧执着的拼劲,只用了4年时间,就完成了8年才能干成的事。翟志刚完成出舱活动后自豪地说:穿着自主研制的舱外航天服漫步太空,感觉真棒!

　　说起国家,航天员们似乎总有说不完的话,但提到个人,他们却常常轻描淡写:

　　20年来,在很多人看来,邓清明是个"消失"的人,甚至不少老家的亲戚都会这样问起:"只听说是航天员,咋不见他上天哩?"作为目前航天员大队唯一没有执行过飞天任务的首批现役航天员,邓清明二十年如一日训练备战,3次入选任务梯队,却始终没能圆自己的飞天梦——"把生命中最宝贵的年华都献给了漫长的等待,你后悔吗?"邓清明这样回答:"不管主份还是备份,都是航天员的本分!战友飞就是我在飞!"

　　"神九"出征前,北京航天城里回荡着《祖国不会忘记》这首歌,航天员们至今都感动不已……刘洋说:"如今当大家对我说'你没有变'的时候,我知道我不曾忘记初心,不曾迷失自己。因为我清醒地知道托举我们飞天的双手,一只叫'科技',一只叫'国力'。"

荣誉很重　名利很轻
做得最多的是回报国家、回报社会

　　三度飞天,荣誉等身。景海鹏收获了无数的鲜花和掌声。他仍然十分清醒:"我是一个从农村长大的孩子,能够成长为一名航天员,实现人生一个又一个梦想,登上一个又一个台阶,所有的这一切,都是党和国家教育培养的结果,我没有别的方式来回报,只想尽我最大的可能多干几年、多飞几次。"

　　如今,航天员中有7人已是年过半百的将军,每次训练他们仍然带头参加,高难科目抢着上,航天生理功能、航天环境耐力与适应性始终保持在优良等级。备战"神九"任务的那年春节,刘洋在模拟器训练馆遇到了正练得热火朝天的聂海胜,他笑着说:"年纪大了,只有多花点时间才能不落后你们年轻人啊!"

　　面对党和人民给予的崇高荣誉,他们说得最多的是"荣誉属于祖国,属于全国人民,属于每名航天科技工作者";他们做得最多的是回报国家、回报社会。20年来,航天员们走进校园、走进军营、走进社会,用上千场报告、数百次公益活动,宣传航天精神,播撒科学种子,诠释了肩负的社会责任。

　　"大家好,我是王亚平,本次授课由我来主讲……"完美的太空一课让"教师"成了航天员王亚平的第二职业;这些年,她到过全国近百所学校，与青少年学生面对面交流。短短的一堂太空授课，点燃了无数中小学生心中的航天梦想。一个孩子在给她的来信中这样写道："我的梦想也是当一名航天员，请放心把接力棒交给我吧！"王亚平觉得，这是除了作为航天员飞上太空以外最美好的记忆。

计利只计国家利，留名只留集体名。"归零，归零，还是归零……"发射前的读秒倒计时没有"零"，但每次任务结束后，航天员们的心里都会补上这个"零"。"归零"让他们一次次放下个人的成绩、经历、得失，轻装上阵，始终以从零开始的心态去迎接新的挑战。

大爱很重　小爱也重
献身航天事业的爱最重

从航天员公寓到家属楼，直线距离不到500米，却成了"最远的距离"。10多年来，除双休日外，航天员都按规定集中管理、训练，经常过家门而不入。

"他们心里不是没有家，只不过自己的家是小家，筑梦九天的家才是大家；他们心里不是没有爱，只不过家庭亲情是小爱，献身航天事业的爱才是大爱。"一位航天员家属这样说。

在神舟六号航天员选拔训练的关键时刻，航天员聂海胜的母亲突发脑溢血。这个村里公认的孝子曾经发誓要让母亲有一个幸福的晚年，可为了载人航天事业，他却只能在病榻前守候3天。为了不让哥哥分心，弟弟聂新胜说："哥，咱俩分个工吧，你尽忠，我尽孝。"

"一人航天员，全家航天员。"在学习训练最艰苦的时候，家就成了航天员的"第二课堂"。成为航天员后，转椅是刘洋的第一道"拦路虎"。为提高成绩，刘洋的爱人就陪她一起"打地转"，帮她计数，还要做好保护……

王亚平报名参选航天员之初，爱人决定放弃自己钟爱的飞行事业，专心陪伴妻子踏上飞天征程。那段时间，细心的王亚平体会到了他的不舍，她说："你就自由自在地飞吧，我能照顾好自己。"如今，夫妻二人虽然聚少离多，但却正如他们约定的那样，在天空和太空比翼双飞，在各自的领域书写着人生的精彩。

"爸爸，你是不是不喜欢我了，不要我了？"在备战"神十一"任务期间，航天员陈冬的爱人为了让他专心训练，不得已，将双胞胎儿子中的一个送回了老家，经常"失踪"的爸爸让孩子心里"犯了嘀咕"。听到电话那头稚气的疑问，陈冬在愧疚之余，只能极力克制自己，心无旁骛地投入到训练任务中，用完美的33天太空表现回馈家人。

"太空真的很神奇，人在太空身体会失重，心灵却不会。"20年来，这句话深深铭刻在每一位航天员的心里，激励着他们接续奋斗，一次次地在"重与轻"间做出人生无悔的选择。

（参考资料：《人民日报》2018-01-24）

名人名言

我们不能总是为我们的青年造就美好未来,但我们能够为未来造就我们的青年一代。

——罗斯福

人民对美好生活的向往,就是我们的奋斗目标。

——习近平

链接二

总书记的人民情怀
——把情义看得像山一样重

杨 柳 沈小根 孙广勇

陕北高原年味浓,家家户户贴上红色的春联、炸起金黄的年糕,噼里啪啦的鞭炮声响彻山山峁峁。

习近平总书记曾说:"当年,我人走了,但我把心留在了这里。"如今,离开梁家河40多年了,他依然能一见面就叫出乡亲们的小名——随娃、黑子、铁锁……回忆起和总书记交往的点点滴滴,乡亲们说:"近平从来没有忘了我们,他是个重情重义的人。"

"重情重义",记者循着总书记的足迹采访下来,在他当年读书的校园、在他当年插队的村子、在他当年工作的县城、在他考察调研过的地方,甚至走出国门,都频频听到这个词。这位"黄土地的儿子",心里不仅装着梁家河的父老,也始终惦念着九百六十多万平方公里广袤大地上的乡亲。

梁家河村民石春阳——"他总是办群众最需要的事"

7年知青岁月,习近平和梁家河村民石春阳结下了深厚友谊。1975年10月,习近平离开梁家河后,石春阳接任村党支部书记,2016年又担任大梁家河党总支部书记。他说,总书记留下的无价财富里,有一份财富叫"情义"。

"乡亲们和他可亲啦,常会念起他。"石春阳端坐沙发,身后墙上挂着总书记2015年2月来梁家河时的几幅照片,炕头烧得热乎,水在炉上沸腾,小猫在脚边依偎。

窗外,正经历着千百年来的沧桑巨变。

1969年1月,下乡知青习近平来到陕北革命老区,来到这个小山村。那时的陕北,家家住在土窑洞,面朝黄土背朝天。"习近平当梁家河村支书短短一年多,就给贫穷的村子带来了生机。"他带领村民修了陕西第一座沼气池,打了灌溉井,办了铁业社、缝纫社、代销店、磨坊……"至今村口最大一块淤地坝,还是近平当年带着我们整的。"

石春阳说,总书记给村里留下的设施今天还在用。他总是办群众最需要的事,还留下了一份40多年的情义,暖了全村人的心。

"近平把情义看得像山一样重。"石春阳说。村民吕侯生的腿因为修

笔记区

窑洞被砸了，习近平收到信，随信寄去 500 元钱路费，接吕侯生到福建去治病。"不仅救了他一条腿，也救了他一个家。"习近平当年和村民张卫庞一个大锅里吃饭，临走前送给他一个自己十分珍视、绣着"娘的心"的针线包。"2015 年 2 月，近平回梁家河时听说张卫庞种果树，还专门去了一趟山上果园看他。"

1975 年，习近平离开梁家河，村支书的担子压到了石春阳的肩上。"每次见面或写信，近平都会询问村里的近况，村里的发展，他始终惦记着，心里有本账。"这些年，土路变成了柏油路、煤油灯变成了电灯、糠团子变成了白面馍馍、窑洞变成了楼房……说起梁家河变化，石春阳喜不自禁，他家的窑洞也挂上了"春阳农家院"的门牌："梁家河现在名气响了，办起了不少农家乐，果树也创出了品牌，村民日子一天比一天红火。"

贾大山之子贾永辉——"他紧握我父亲的手流下了泪水"

在河北正定县工作期间，习近平遇到一位"好朋友、好兄长"——作家贾大山，工作之余两人经常促膝长谈。离开正定后，贾大山患病，习近平多次探望。贾大山去世后，习近平撰写《忆大山》一文，深情回忆交往中的感人细节。

"虽然第一次见面，但我们却像多年不见的朋友，有说不完的话题，表不尽的情谊……"

20 年来，《忆大山》一文，贾大山之子贾永辉含泪读了无数遍，每一个字句都能背出来。父亲生前的朋友里，这位常来家里聊天的"书记叔叔"，让他印象最深也最感动。

1982 年早春，习近平到正定县任县委副书记。那时候，贾大山在县文化馆工作。第一次见面临别时，贾大山拉着习近平的手久久不愿放开："以后有工夫，多来我这坐坐。"

"此后几年里，有时'书记叔叔'到我家来，有时父亲到他那儿去。第二天总会听父亲说起，昨晚又和叔叔聊到了凌晨。"贾永辉童年记忆里，书记叔叔习近平"每次一个人步行前来，一点领导架子都没有"，"冬天总是一身褪了色的衣裳"。

"父亲说起习叔叔，常说他是一位了不起的人，夸他有思路，敢负责，为正定的发展倾注了心血。在我们全家眼里，他是一个很有人情味的好领导。"贾永辉说。1996 年，贾大山病重，到北京住院治疗。习近平趁在北京学习的机会抽空去探病。"病床上的父亲看到习叔叔，泪水像断了线的珠子。"

快过年时，贾大山出院回到正定。"正月初三，没想到习叔叔又专程到家里看望父亲。他紧握我父亲的手流下了泪水。那是两人的最后一次见面，10 多天后父亲就去世了。"

每每忆起习近平和父亲的友谊，贾永辉总是既感动又崇敬："习叔叔说父亲是他'了解社情民意的窗口和渠道'。从他们两人的友情延续中，我看到了党和群众的骨肉深情,看到了党的领袖的高尚品德和人性光辉。"

八一学校退休教师陈仲韩——"他能记住每一位老师的名字"

习近平在北京八一学校读书期间,陈仲韩担任他的副班主任。离开校园至今,习近平无论在什么岗位,都始终惦念着曾经教过他的老师们。陈仲韩老师感叹:"他的感恩之情不仅浓厚而且持久,师生情谊一直在他心中。"

2016年教师节来临之际,习近平走进北京市八一学校的大门,琅琅书声唤回了年少时的记忆。在学校,他见到当年教过自己的几位老师。陈仲韩深情回忆说:"教书那会我们正青春,如今都迈进了古稀之年。习近平亲切地和我们握手、聊天,他和每一位老师讲话都不一样,能记住每一位老师的名字、特点和往事。他的脑子就是一个计算机啊,存储量相当大!"

"那天见面,我说,希望你能把国家治理得更好,各方面取得更大发展。他说,谢谢你的嘱托,我记在心里。听了'嘱托'两个字,我很感动。"

参观校史展时,习近平在一张上世纪50年代的学校全景图前驻足良久,老校门、老操场、老宿舍,他清晰如昨、一一道来。他深厚的母校情结,感染了现场每一个人。陈仲韩说:"当年在学校时,他是一个稳重有想法的男孩,喜欢运动,尤其喜欢踢球。这么多年来他和老师们一直保持着联系,过去每年都会给我们寄贺卡。"

"第一次来我家,还是他在梁家河插队时。那时我家住平房。我们聊往事,聊梁家河,也聊了很多书籍。"陈仲韩说,"后来我去福州看过他。一点架子都没有,一口一个陈老师。他当时的班主任名叫齐荣先,退休后生病时,习近平也曾去看望过。"

焦裕禄之女焦守云——"他一进门就说来走亲戚的"

"魂飞万里,盼归来,此水此山此地。百姓谁不爱好官?把泪焦桐成雨。"多年来,习近平常常提起焦裕禄,要求党员干部以焦裕禄为镜。说起在兰考与总书记的两次见面,焦裕禄二女儿焦守云记忆犹新。

2009年,在兰考的家中,焦守云第一次见到了习近平。"一进门,他就说,'今天,我是来走亲戚的'。入座后,他一一喊出了我们的名字。"焦守云还清楚地记得握手时的细节:"他风趣地说,'你上过天安门,见过毛主席,还扎个小歪辫'。那天,大家不知不觉聊了很多。"

半个世纪,焦裕禄的名字一直牢记在习近平心中,成为他素未谋面的老师和楷模。1966年,他上初中一年级,第一次听到焦裕禄的事迹"受到深深震撼"。后来无论上山下乡,还是入学入伍,习近平一直十分推崇焦裕禄精神。1990年,他在福州工作时,还填词《念奴娇·追思焦裕禄》。

"暮雪朝霜,毋改英雄意气""为官一任,造福一方,遂了平生意"……诗词言志,这字字句句中真切体现了习近平的远大志向、执政理念和为民情怀。

笔记区

2014年年初，第二批党的群众路线教育实践活动展开，习近平选择了焦裕禄精神的发源地——兰考作为联系点。3月，总书记到了兰考，他说，我希望通过学习焦裕禄精神，为推进党和人民事业发展、实现中华民族伟大复兴的中国梦提供强大正能量。"跟第一次在家聊家常不同，总书记的第二次接见，让我感受到一份沉甸甸的责任。"焦守云说，"当时我介绍，省里拍了一部关于焦裕禄的纪录片。总书记转头叮嘱随行同志，纪录片可作为教育实践活动的教材。"

　　"这么多年，我陪父亲走遍了中国。"做宣讲、拍电视，年过花甲的焦守云一直把宣传焦裕禄精神作为责任，她的儿子余音参与创作的音乐剧《焦裕禄》也在去年上演。"总书记浓烈的'焦裕禄情结'，是共产党人肩上有责、心中有民的生动诠释。我们会把父亲留下的家风家教传承下去。"

老挝同学宋玛·奔舍那——"这样的人一定会受到人民的爱戴"

　　他们是老挝革命前辈贵宁·奔舍那的后人。中国在他们最困难的日子里伸出了温暖的手。生活在"第二故乡"中国，他们重燃生活的希望，在八一学校读书时也结交了习近平等中国同学。

　　"见面前大家商量好了，待会儿要控制好情绪。但一见习主席，却都激动得哭了，我们真的很想念他，也有很多感动和感慨。"去年11月14日，老挝自然资源与环境部部长宋玛·奔舍那和他的兄弟姐妹，再次见到习近平主席："盼他来盼了7年！"

　　7年前那次见面，是习近平到访老挝时的特意安排。而这一次，习近平同样叮嘱要在访问行程里挤时间和老朋友见个面。"奔舍那家族常聚在一起聊中国、聊习主席。"宋玛说，"一个伟大国家的世界级领导人，百忙之中不忘老朋友，习主席真是重情重义。"

　　"男孩子穿的是古铜色灯芯绒衣服，大姐你们穿的还是民族传统的筒裙。""你们当年住在金鱼胡同3号，一些同学老要跑到你们小灶探头探脑，去看看有什么好吃的"……见面时，习近平的记忆力让他们惊叹，也让他们为这份情谊感动落泪。

　　"实际上我们的命运共同体早就形成了，当年你们到中国来，就是命运共同体。"宋玛念念不忘习主席见面时的这句话，抚今追昔，他感慨万千："我们兄弟姐妹今天的成绩，离不开在中国的学习和教育。老中关系能取得今天这样的成果，离不开两国几代领导人的共同努力和呵护。国之交在于民相亲，我们会努力为老中友谊发展、命运与共尽一份力。"

　　"习主席领导中国取得了卓越成就，中国特色社会主义进入新时代。"宋玛深有感触地说，"他不仅是一位有勇气、有智慧的领袖，也是一位有人情味、深受中华传统文化熏陶的领导人。这样的人是有魅力的，一定会受到人民的爱戴。"

（参考资料：人民日报 2018－02－23）

模块七

坚持遵法学法

感性导言

（背景音乐）

2018年3月11日，这是一个重要的历史性时刻！

这一天，十三届全国人大一次会议表决通过了《中华人民共和国宪法修正案》，并公布施行。

宪法是国家的根本大法，是治国安邦的总章程。宪法修正案的通过，是时代大势所趋、事业发展所需、党心民心所向，是推进全面依法治国、推进国家治理体系和治理能力现代化的重大举措。特别是习近平新时代中国特色社会主义思想载入国家根本法，体现了党和国家事业发展的新成就、新经验、新要求，对于更好发挥宪法在新时代坚持和发展中国特色社会主义中的重大作用，为实现"两个一百年"奋斗目标和中华民族伟大复兴的中国梦提供有力宪法保障，具有重大现实意义和深远历史意义。我们要坚决拥护宪法修正案，带头学习宪法、自觉遵守宪法，毫不动摇维护宪法权威，坚定不移做宪法的信仰者、实践者、守护者。

宪法的生命在于实施，宪法权威也在于实施。我们要以这次宪法修改为契机，把学习宣传实施修改后的宪法，同学习宣传党的十九大精神紧密结合起来，坚定"四个自信"，自觉恪守宪法原则、弘扬宪法精神、传播法治理念，增强全民宪法自信和宪法自觉，做一个懂法用法的当代大学生。

通过本模块的学习、思考和体验，大学生要能够正确理解我国社会主义法律的内涵，了解我国社会主义法律体系的概况，明确宪法等法律制度的基本内容，熟悉我国社会主义法律的基本运行机制；树立社会主义法治观念，养成自觉依法办事的习惯；培养社会主义法律思维方式，努力维护社会主义法律权威。

名人名言

没有信仰的法律将退化成为僵死的教条，而没有法律的信仰将蜕变成为狂信。

——伯尔曼

法律是一切人类智慧聪明的结晶，包括一切社会思想和道德。

——柏拉图

感人案例

案例一

新的使命　新的征程
——国家监察委员会揭牌和宪法宣誓仪式侧记

2018年3月23日，历史将记住这一天。这一天，中华人民共和国国家监察委员会正式揭牌。

早春的清晨，位于平安里西大街41号的中央纪委机关大院，处处生机盎然。机关大楼门柱上，悬挂着一块被红色绸布所覆盖的牌匾，一抹鲜艳的红色随风飘动，格外引人注目。

参加揭牌仪式的同志身着正装，在大楼的台阶前早早肃立。

在大家的注视下，中共中央政治局常委、中央纪委书记赵乐际亲手拉下红绸布，时间被定格在8时58分。只见古铜色牌匾上，"中华人民共和国国家监察委员会"十四个大字苍劲有力。现场随即响起热烈掌声，党和国家反腐败工作新的一页就此开启。

就在几天前，十三届全国人大一次会议通过宪法修正案和监察法，产生中华人民共和国国家监察委员会及其领导人员。大家坚信，此次国家监察委员会揭牌成立，将在党史国史上留下浓重的一笔。

9时05分，机关小礼堂，新任国家监察委员会副主任、委员宪法宣誓仪式在此举行。

礼堂内，正对着宣誓台的幕布正中，国徽高悬，熠熠生辉。在幕布的一侧，竖立着中华人民共和国国旗，庄严肃穆。

赵乐际出席仪式，体现了党中央对此次仪式的高度重视。中共中央政治局委员、中央纪委副书记、国家监察委员会主任杨晓渡作为监誓人，主持宣誓仪式。

9时07分，全体起立。伴随着庄严高亢的旋律，全场齐声高唱中华人民共和国国歌。

9时08分，宪法集体宣誓开始。十三届全国人大常委会第一次会议表决任命的国家监察委员会副主任刘金国、杨晓超、李书磊、徐令义、肖培、陈小江，国家监察委员会委员王鸿津、白少康、邹加怡、张春生、陈超英、侯凯、姜信治、凌激、崔鹏、卢希整齐地站成两排，右手举拳，庄严宣誓。

"我宣誓：忠于中华人民共和国宪法，维护宪法权威，履行法定职责，忠于祖国、忠于人民，恪尽职守、廉洁奉公，接受人民监督，为建设富强民主文明和谐美丽的社会主义现代化强国努力奋斗！"

铿锵有力的宣誓声响彻礼堂。

"我们要在以习近平同志为核心的党中央坚强领导下，在以赵乐际同志为班长的中央纪委常委会带领下，不负重托，不辱使命，忠实履行党章党规和宪法法律赋予的职责！"同志们精神昂扬，目光坚毅。

随即，中央纪委国家监委机关干部大会在大礼堂内举行。

"十三届全国人大一次会议通过宪法修正案和监察法，产生中华人民共和国国家监察委员会及其领导人员，标志着中国特色国家监察体制已经形成。"

"纪委监委合署办公重中之重是职能、人员、工作的深度融合，是'形'的重塑、'神'的重铸。"

"忠于党和人民，勤于学思践悟，勇于改革创新，善于团结协作，严于正身律己，更好地担当起党和人民赋予的光荣使命。"

……

新时代、新起点，新气象、新作为。走出会场，不少机关干部来到刚刚揭牌的办公楼前合影留念。大家表示，要以国家监委揭牌为新的起点，不忘初心、牢记使命，忠实履行党章和宪法、监察法赋予的重要职责，不负厚望、再立新功，为夺取反腐败斗争压倒性胜利做出新的贡献。

有感而发

这是一个必须载入史册的大事件！

中华人民共和国国家监察委员会在北京正式揭牌。这标志着在以习近平同志为核心的党中央坚强领导下，在党的十九大精神指引下，深化国家监察体制改革取得重大成果。十三届全国人大一次会议通过宪法修正案和监察法，产生国家监察委员会及其领导人员，标志着中国特色国家监察体制已经形成。

深化国家监察体制改革，是以习近平同志为核心的党中央做出的事关全局的重大政治体制改革，是强化党和国家自我监督的重大决策部署。

成立国家监察委员会，将为反腐败工作开创新局面提供重要政治保障，在国家机构建设史和纪检监察史上都具有里程碑意义。

深化国家监察体制改革是对我国政治体制、政治权力、政治关系的重大调整，是一项重大的组织创新、制度创新，加强党的领导至关重要。

习近平总书记明确指出，要坚持党对党风廉政建设和反腐败工作的统一领导，扩大监察范围，整合监察力量，健全国家监察组织架构，形成全面覆盖国家机关及其公务员的国家监察体系。

国家监察体制改革是中国特色社会主义的创制之举，没有现成的模式可循、经验可鉴，大量工作需要在实践中去摸索、去创新。

2016年10月，党中央决定在北京、山西、浙江三地先行开展国家监察体制改革试点工作。三省市积极坚定、审慎稳妥地推进工作，圆满完成试点任务，取得了显著成效。

——党和国家自我监督体系更加完善。准确把握监察委员会是政治机关的定位，坚持把讲政治放在首位，有效运用监督执纪"四种形态"，不断增强反腐败工作的政治效果，推动形成风清气正的良好政治生态。

——反腐败领导体制更加健全。从组织形式、职能定位、决策程序、资源配置、措施手段等方面，全面加强党对反腐败工作的领导，党委的统一领导更加坚强有力。

——构建集中统一、权威高效的监察体系。完成人员转隶，整合监察力量，组建监察机构，扩大监察范围，推进监察全覆盖，实现了党内监督和国家监察有机统一。

笔记区

——实现纪委、监委合署办公。共同设立内设机构，力量配备向监督执纪一线倾斜，加强思想政治工作，开展业务培训，抓好政策衔接，确保队伍不乱、人心不散、工作不断，推动机构、职能和人员全面融合。

——全要素试用调查措施。充分运用12项调查手段，以留置取代"双规"，严把决策审批关，确保监委履职有力、监督有效，保持惩治腐败的高压态势。

——探索执纪监督与审查调查部门分设。执纪监督部门负责日常监督，审查调查部门负责立案审查，案管部门负责综合协调和监督管理，审理部门负责审核把关，形成执纪监督、审查调查、案管审理相互配合、相互制约的有效机制。

——实现纪法贯通、法法衔接。形成执纪与执法相互贯通、监察机关与司法执法机关相互衔接的工作机制，加强监察机关与公安机关、检察机关、审判机关的沟通协作，实现了监察程序与司法程序有序对接、监察机关与司法执法机关相互配合相互制约。

2018年3月18日，十三届全国人大一次会议举行第六次全体会议，选举产生国家监察委员会主任。2018年3月21日，十三届全国人大常委会第一次会议任命了国家监察委员会副主任、委员。2018年3月23日，国家监察委员会正式揭牌。

▶ **叩心自问**

1. 你懂得我国宪法的重要性吗？
2. 国家监察委员会的成立有何重要意义？

名人名言

不要让英雄既流血又流泪，让军人受到尊崇，这是最基本的，这个要保障。

——习近平

兵民是胜利之本。

——毛泽东

案例二

开创退役军人事务部

2018年3月17日第十三届全国人大一次会议表决通过了关于国务院机构改革方案的决定，批准了这个方案。改革后，国务院正部级机构减少8个，副部级机构减少7个，除国务院办公厅外，国务院设置组成部门26个。在这26个部门中增设了一个正部级的退役军人事务部，此举开创历史、意义深远。

有感而发

设立退役军人事务部,承担原民政部的退役军人安置职责,原人社部的军官转业安置职责,以及中央军委政治工作部、后勤保障部有关职责。通过宪法,为维护军人军属合法权益,加强退役军人服务保障体系建设,建立健全集中统一、职责清晰的退役军人管理保障体制,让军人成为全社会尊崇的职业,健全与完善了法治体系,从根本上解决了退役军人问题,具有里程碑意义。

一、为强军提供坚实保障

做好退役军人管理保障工作,维护军人军属合法权益,让军人成为全社会尊崇的职业,军队就能将更多精力放在练兵备战上,这是全面建成世界一流军队的一项基本前提。

军人成为全社会尊崇的职业,就能够增加军队对优秀青年的吸引力,进一步提高兵源质量和部队凝聚力。"这是一支军队不能缺少的。没有荣誉感和凝聚力,最终一定会给战斗力带来伤害。"

二、为强国提供军队人才

退役官兵大多是青壮年,受过军队良好训练,政治素质高,对社会而言是不可多得的优质资源,将他们通过多种途径安置到合适的岗位上继续"建功立业",有助于国家、有助于社会。从根本上杜绝以往退役军人安置问题的"三个不满意",即"军队分心分力,地方咬牙接收,军人降级使用"。

三、为军队社会融合搭桥

随着我国社会经济不断向前发展,人们思想观念、价值追求也随着生活方式的转变不断变化。然而无论时代如何变迁,人民军队始终保持本色,军人始终秉持为国家人民牺牲奉献的精神。有些退役军人回归社会后极不适应、无所适从,主要就是缘于军队与现实社会"两个世界"的巨大差异。

军队因自身特殊性质,同社会的割裂是客观存在的。组建退役军人事务部将逐步从国家各个层面抓起,这就在军队与社会之间架起了一道通连的桥梁。有助于全社会对退役军人群体形成心理认同和情感认同,也让退役军人群体在回归社会、融入社会的过程中有一个过渡和缓冲。对退役军人实施法律、行政、组织等方面的援助救济,抚平不良情绪,有助于保持整个社会的和谐稳定。

笔记区

叩心自问

1. 你对增设退役军人事务部的意义有何感想？
2. 我国宪法确立的国体和根本政治制度是什么？

名人名言

遵守诺言就像保卫你的荣誉一样。

——巴尔扎克

每个人应该有这样的信心：人所能负的责任，我必能负；人所不能负的责任，我亦能负。

——林肯

案例三

首次在全国人民代表大会上举行宪法宣誓

这是万众瞩目的一刻，也是注定载入史册的一刻。

2018年3月17日上午，雄伟的人民大会堂。礼兵护送宪法来到主席台，将宪法安放在宣誓台上。刚刚全票当选的国家主席、中央军委主席习近平走上宣誓台前，左手抚按宪法，右手举拳宣誓。

"我宣誓：忠于中华人民共和国宪法，维护宪法权威，履行法定职责，忠于祖国、忠于人民，恪尽职守、廉洁奉公，接受人民监督，为建设富强、民主、文明、和谐、美丽的社会主义现代化强国努力奋斗！"铿锵有力而沉着坚定的宣誓完毕，全场响起经久不息的热烈掌声。随着电波，习主席的洪钟之声响遍寰宇——历史永远记住了这庄严神圣的一刻。

这是中国宪法宣誓制度实行以来，首次在全国人民代表大会上举行的宪法宣誓活动，也是共和国历史上首次国家领导人宪法宣誓。75字的誓词字字千钧，这不仅是对法律的郑重承诺，更是对人民的责任担当。

 有感而发

宪法宣誓，是彰显宪法尊严和权威的法律仪式，虽然只有短暂的几分钟，誓词也只有简短的几十个字，但其价值和意义却很重大。

2014年10月，党的十八届四中全会提出建立宪法宣誓制度，明确凡经人大及其常委会选举或者决定任命的国家工作人员正式就职时公开向宪法宣誓。2015年7月1日，十二届全国人大常委会第十五次会议通过了《全国人民代表大会常务委员会关于实行宪法宣誓制度的决定》，以立法方式确立了我国宪法宣誓制度。两年多来，全国各级国家机构的工作人员正式就职时都进行了宪法宣誓。此前，随着各地监察委员会陆续成立，由地方各级人大及其常委会选举或者任命的监察委员会主任、副主任、委员，在就职时也普遍进行了宪法宣誓。日前，十三届全国人大第一次会议表决通过的宪法修正案，明确"国家工作人员就职时应当依照法律规定公开进行宪法宣誓"，必将对宪法的贯彻实施，弘扬宪法精神，增强宪法意识，起到进一步的推动作用。

宣誓人在神圣庄重的仪式中进行宪法宣誓，是公开表达对宪法的敬畏尊重，是公权力行使者对人民的庄严承诺，对于强化国家工作人员的权力来源意识，塑造宪法文化，凝聚社会共识都具有实质作用。建立宪法宣誓制度，进一步表明了以习近平同志为核心的党中央坚持依法治国、维护宪法权威的决心。

叩心自问

1. 你对宪法宣誓有何认识？
2. 宪法宣誓词的内容是什么？

名人名言

法律的真理知识，来自于立法者的教养。

——黑格尔

责任和权利是双生儿，想要享受权利，那么就勇于承担责任吧。

——洪敏丽

感动体验：大学生法律意识问卷调查

【活动目的】

（1）通过体验，让学生了解自己对法律的认知情况。

（2）通过数据分析，让学生了解现在大学生普遍的法律意识现状。

（3）通过体验，让学生树立不断学习法律知识，提高法律意识的主动性。

【活动准备】

（1）有桌椅的教室一个。

（2）人手一支黑色水笔。

（3）法律意识调查问卷每人一份。

【活动过程】

（1）法律是我们维护正当权益的武器，只有充分运用法律，才能很好地保护我们的合法权益，而拥有法律意识和法律知识是运用法律的前提。作为当代的大学生，你的法律意识如何？你所掌握的法律知识又如何呢？下面让我们一起进入今天的体验活动：大学生法律意识问卷调查。

（2）发放调查问卷。

（3）答卷（时间20分钟）。

（4）以小组为单位，对调查问卷进行统计分析，讨论并得出结论。

（5）以小组为单位，完成调查报告。

笔记区

笔记区

感悟分享

（背景音乐）

　　大学生是祖国的未来，代表着国家可持续发展的实力和潜力。大学生法律意识的强弱，法律认识水平的高低，对我国社会主义法治化进程有着极为重要的影响。这就要求大学生必须能够更全面地了解法律知识，正确地认识法律，学会更好地运用法律武器维护自己的权益。

　　（1）你对自己问卷调查的结果满意吗？为什么？
　　（2）通过问卷调查你有哪些新的想法或建议？
　　（3）通过本次问卷调查感动体验，你最大的感悟是什么？

小组分享：学生以各小组为单位进行感受分享。

大组分享：由各小组推荐或自荐一名同学上台进行感受分享。

亲历感言（学生填写）

1.
2.
3.

活动点评（老师填写）

1.
2.
3.

附：调查问卷样本

大学生法律意识调查问卷（单项选择）

1. 当你在公交车上遇到一个小偷正从他人口袋里偷东西，你会：（　　）。

　　A. 明哲保身，视而不见　　　　B. 偷偷告知被偷者
　　C. 大声呼叫并训斥小偷　　　　D. 立刻叫司机停车并报警

2. 你急需辆自行车，一天你恰好在街上见到一辆自行车在卖，价钱很便宜，你也很喜欢，但车子似乎来路不明，可能是偷的，那你会买吗？（　　）

　　A. 会，并乘机压价　　　　　　B. 会，买后立刻离开
　　C. 不会　　　　　　　　　　　D. 不会，并报警

3. 你买了某种商品但你后来发现被骗了，你会：（　　）。

　　A. 靠武力解决　　　　　　　　B. 要求退货，否则到商场骂他们一顿
　　C. 以此为教训，不做任何行动　D. 用法律手段维护自身利益

4. 如果你购物时商场保安人员无理搜查你随携带的物品，你会：（　　）。

　　A. 忍让，不跟他一般见识，但以后再也不来这里购物

B. 拒绝，强烈抗议

C. 找商场领导讨要说法

D. 找消费者协会解决或报警

5. 你认为法律与你的学习和生活：(　　)。

A. 没关系　　　　　　　B. 有没有法律都无所谓

C. 关系不大　　　　　　D. 关系密切

6. 你对闯红灯的看法：(　　)。

A. 车多，要过马路就得闯红灯　B. 大家都闯，我也闯

C. 看情况，没车就闯　　　　　D. 不闯，违反交通规则

7. 请问你对你身边的大学生的法律意识强弱的看法：(　　)。

A. 很弱　　B. 较弱　　C. 一般　　D. 强

8. 请问您觉得在非法学专业的大学生中开设法学公共课有必要吗？(　　)

A. 完全没有必要

B. 无所谓，认为法律离自己很远

C. 有必要，但可能作用不大

D. 很有必要，可以增强大学生法律意识

9. 你对法律知识了解有多少？(　　)

A. 不了解　　　　　　　B. 不太了解

C. 常用的法律都了解　　D. 该了解的都了解了

10. 正当防卫明显超过必要限度是否要负刑事责任？(　　)

A. 不知道　　　　　　　B. 不要

C. 要负一定的责任　　　D. 要

11. 如果你和别人发生争吵，那人要动手打你，此时你会：(　　)。

A. 回击，并打到对方无力还手为止

B. 试图制止对方，不行就逃跑

C. 向旁人求助，希望能拉开对方

D. 进行正当防卫，并报警

12. 如果你在公交车上遇到骚扰时，你会如何做？(　　)

A. 默默地离开不敢作声

B. 瞪他一眼，然后换个地方或下车

C. 用适当的方法让他得到惩罚

D. 出声制止，维护自己的权益

13. 请问您在饭店吃饭时有索要发票的习惯吗？(　　)

A. 很少索要发票　　　　B. 偶尔索要

C. 大笔金额才索要发票　D. 每次都索要

14. 您周围的人或自己一般把"被告"看成：(　　)。

A. 有违法犯罪嫌疑的人　B. 被诬陷的一方

C. 打官司中理亏的一方　D. 打官司时的一方

笔记区

笔记区

15. 你生活中的法律知识是从什么地方获得的：（ ）。
    A. 家庭的影响　　　　　　B. 电视、网络上
    C. 报刊、杂志上　　　　　D. 学校的教育
16. 如果遇到法律纠纷，您希望自己是：（ ）。
    A. 高级干部　　　　　　　B. 有钱人
    C. 交际甚广的人　　　　　D. 懂得如何利用法律武器的人
17. "宪法"一词您理解吗？（ ）
    A. 没听过　　　　　　　　B. 知道这个词，但不知道具体是什么
    C. 了解不多　　　　　　　D. 基本明白宪法含义
18. 你是如何看待大学生犯罪的，如复旦投毒案？（ ）
    A. 很正常，没必要大惊小怪
    B. 不可理解
    C. 很难解释
    D. 很痛心，大学生即应有专业知识，又应有法律意识
19. 你认为法律能保护你的切身利益吗？（ ）
    A. 不能，法律越来越成为有钱人和有权人的代表
    B. 现在不能，但随着社会的发展会逐渐完善
    C. 能，但现在法律的作用不大
    D. 能，我对法律有信心
20. 当你的权益受到侵害时，你首先想到的是什么？（ ）
    A. 通过关系解决
    B. 用武力解决
    C. 感觉委屈，但是认为这是没办法的事
    D. 拿起法律武器保护自己

评分标准：选A，得1分；选B，得2分；选C，得3分；选D，得4分。

总分：① 25分以下的，法律意识较薄弱，需加强法律知识的学习；
　　　② 26~65分的，具有一定的法律知识，但不够全面；
　　　③ 66分以上，有较强的法律意识，需要在实际行动中多落实。

感恩结语

（背景音乐）

刚才，同学们分享了参加"大学生法律意识问卷调查"体验活动带给自己的感受、感悟，从中可以看到，我们的同学具有很强的法律意识，令老师倍感欣慰！

我们国家必须依靠法治才能更快发展，才能在世界竞争中立于不败之地。你们是祖国的未来，必须更自觉地学法、懂法、用法！

感谢同学的分享，谢谢你们！

名人名言

宪法，就是一张写着人民权利的纸。

——列宁

法律是一种不断完善的实践，虽然可能因其缺陷而失效，甚至根本失效，但它绝不是一种荒唐的玩笑。

——德沃金

感奋践行

一、书面作业（二选一）

（1）如何认识中国特色社会主义法律体系的构成？

（2）你参与本次问卷调查最大的感悟是什么？

二、行动项目

根据本模块内容，结合学生日常教育管理要求，提出一项具体行动目标，下次课进行大组分享。

相关链接

链接一

中国共产党中央委员会关于修改宪法部分内容的建议

全国人民代表大会常务委员会：

根据新时代坚持和发展中国特色社会主义的新形势新实践，中国共产党中央委员会提出关于修改《中华人民共和国宪法》部分内容的建议如下：

一、宪法序言第七自然段中"在马克思列宁主义、毛泽东思想、邓小平理论和'三个代表'重要思想指引下"修改为"在马克思列宁主义、毛泽东思想、邓小平理论、'三个代表'重要思想、科学发展观、习近平新时代中国特色社会主义思想指引下"；"健全社会主义法制"修改为"健全社会主义法治"；在"自力更生，艰苦奋斗"前增写"贯彻新发展理念"；"推动物质文明、政治文明和精神文明协调发展，把我国建设成为富强、民主、文明的社会主义国家"修改为"推动物质文明、政治文明、精神文明、社会文明、生态文明协调发展，把我国建设成为富强民主文明和谐美丽的社会主义现代化强国，实现中华民族伟大复兴"。这一自然段相应修改为："中国新民主主义革命的胜利和社会主义事业的成就，是中国共产党领导中国各族人民，在马克思列宁主义、毛泽东思想的指引下，坚持真理，修正错误，战胜许多艰难险阻而取得的。

笔记区

我国将长期处于社会主义初级阶段。国家的根本任务是，沿着中国特色社会主义道路，集中力量进行社会主义现代化建设。中国各族人民将继续在中国共产党领导下，在马克思列宁主义、毛泽东思想、邓小平理论、'三个代表'重要思想、科学发展观、习近平新时代中国特色社会主义思想指引下，坚持人民民主专政，坚持社会主义道路，坚持改革开放，不断完善社会主义的各项制度，发展社会主义市场经济，发展社会主义民主，健全社会主义法治，贯彻新发展理念，自力更生，艰苦奋斗，逐步实现工业、农业、国防和科学技术的现代化，推动物质文明、政治文明、精神文明、社会文明、生态文明协调发展，把我国建设成为富强民主文明和谐美丽的社会主义现代化强国，实现中华民族伟大复兴。"

二、宪法序言第十自然段中"在长期的革命和建设过程中"修改为"在长期的革命、建设、改革过程中"；"包括全体社会主义劳动者、社会主义事业的建设者、拥护社会主义的爱国者和拥护祖国统一的爱国者的广泛的爱国统一战线"修改为"包括全体社会主义劳动者、社会主义事业的建设者、拥护社会主义的爱国者、拥护祖国统一和致力于中华民族伟大复兴的爱国者的广泛的爱国统一战线"。这一自然段相应修改为："社会主义的建设事业必须依靠工人、农民和知识分子，团结一切可以团结的力量。在长期的革命、建设、改革过程中，已经结成由中国共产党领导的，有各民主党派和各人民团体参加的，包括全体社会主义劳动者、社会主义事业的建设者、拥护社会主义的爱国者、拥护祖国统一和致力于中华民族伟大复兴的爱国者的广泛的爱国统一战线，这个统一战线将继续巩固和发展。中国人民政治协商会议是有广泛代表性的统一战线组织，过去发挥了重要的历史作用，今后在国家政治生活、社会生活和对外友好活动中，在进行社会主义现代化建设、维护国家的统一和团结的斗争中，将进一步发挥它的重要作用。中国共产党领导的多党合作和政治协商制度将长期存在和发展。"

三、宪法序言第十一自然段中"平等、团结、互助的社会主义民族关系已经确立，并将继续加强。"修改为："平等团结互助和谐的社会主义民族关系已经确立，并将继续加强。"

四、宪法序言第十二自然段中"中国革命和建设的成就是同世界人民的支持分不开的"修改为"中国革命、建设、改革的成就是同世界人民的支持分不开的"；"中国坚持独立自主的对外政策，坚持互相尊重主权和领土完整、互不侵犯、互不干涉内政、平等互利、和平共处的五项原则"后增加"坚持和平发展道路，坚持互利共赢开放战略"；"发展同各国的外交关系和经济、文化的交流"修改为"发展同各国的外交关系和经济、文化交流，推动构建人类命运共同体"。这一自然段相应修改为："中国革命、建设、改革的成就是同世界人民的支持分不开的。中国的前途是同世界的前途紧密地联系在一起的。中国坚持独立自主的对外政策，坚持互相尊重主权和领土完整、互不侵犯、互不干涉内政、平等互利、和平共处的五项原则，坚持和平发展道路，坚持互利共赢开放战略，发展同各国的外交关系和经济、文化交流，推动构建人类命运共同体；坚持反对帝国主义、霸权主义、殖民主义，加强同世界各国人民的团结，支持被压迫民族和发展中国家争取和维护民族独立、发展民族经济的正义斗争，为维护世界和平和促进人类进步事业而努力。"

五、宪法第一条第二款"社会主义制度是中华人民共和国的根本制度。"后增写一句，内容为："中国共产党领导是中国特色社会主义最本质的特征。"

六、宪法第三条第三款"国家行政机关、审判机关、检察机关都由人民代表大会产生，对它负责，受它监督。"修改为："国家行政机关、监察机关、审判机关、检察机关都由人民代表大会产生，对它负责，受它监督。"

七、宪法第四条第一款中"国家保障各少数民族的合法的权利和利益，维护和发展各民族的平等、团结、互助关系。"修改为："国家保障各少数民族的合法的权利和利益，维护和发展各民族的平等团结互助和谐关系。"

八、宪法第二十四条第二款中"国家提倡爱祖国、爱人民、爱劳动、爱科学、爱社会主义的公德"修改为"国家倡导社会主义核心价值观，提倡爱祖国、爱人民、爱劳动、爱科学、爱社会主义的公德"。这一款相应修改为："国家倡导社会主义核心价值观，提倡爱祖国、爱人民、爱劳动、爱科学、爱社会主义的公德，在人民中进行爱国主义、集体主义和国际主义、共产主义的教育，进行辩证唯物主义和历史唯物主义的教育，反对资本主义的、封建主义的和其他的腐朽思想。"

九、宪法第二十七条增加一款，作为第三款："国家工作人员就职时应当依照法律规定公开进行宪法宣誓。"

十、宪法第六十二条"全国人民代表大会行使下列职权"中增加一项，作为第七项"（七）选举国家监察委员会主任"，第七项至第十五项相应改为第八项至第十六项。

十一、宪法第六十三条"全国人民代表大会有权罢免下列人员"中增加一项，作为第四项"（四）国家监察委员会主任"，第四项、第五项相应改为第五项、第六项。

十二、宪法第六十五条第四款"全国人民代表大会常务委员会的组成人员不得担任国家行政机关、审判机关和检察机关的职务。"修改为："全国人民代表大会常务委员会的组成人员不得担任国家行政机关、监察机关、审判机关和检察机关的职务。"

十三、宪法第六十七条"全国人民代表大会常务委员会行使下列职权"中第六项"（六）监督国务院、中央军事委员会、最高人民法院和最高人民检察院的工作"修改为"（六）监督国务院、中央军事委员会、国家监察委员会、最高人民法院和最高人民检察院的工作"；增加一项，

笔记区

作为第十一项"(十一)根据国家监察委员会主任的提请,任免国家监察委员会副主任、委员",第十一项至第二十一项相应改为第十二项至第二十二项。

十四、宪法第七十九条第三款"中华人民共和国主席、副主席每届任期同全国人民代表大会每届任期相同,连续任职不得超过两届。"修改为:"中华人民共和国主席、副主席每届任期同全国人民代表大会每届任期相同。"

十五、宪法第八十九条"国务院行使下列职权"中第六项"(六)领导和管理经济工作和城乡建设"修改为"(六)领导和管理经济工作和城乡建设、生态文明建设";第八项"(八)领导和管理民政、公安、司法行政和监察等工作"修改为"(八)领导和管理民政、公安、司法行政等工作"。

十六、宪法第一百条增加一款,作为第二款:"设区的市的人民代表大会和它们的常务委员会,在不同宪法、法律、行政法规和本省、自治区的地方性法规相抵触的前提下,可以依照法律规定制定地方性法规,报本省、自治区人民代表大会常务委员会批准后施行。"

十七、宪法第一百零一条第二款中"县级以上的地方各级人民代表大会选举并且有权罢免本级人民法院院长和本级人民检察院检察长。"修改为:"县级以上的地方各级人民代表大会选举并且有权罢免本级监察委员会主任、本级人民法院院长和本级人民检察院检察长。"

十八、宪法第一百零三条第三款"县级以上的地方各级人民代表大会常务委员会的组成人员不得担任国家行政机关、审判机关和检察机关的职务。"修改为:"县级以上的地方各级人民代表大会常务委员会的组成人员不得担任国家行政机关、监察机关、审判机关和检察机关的职务。"

十九、宪法第一百零四条中"监督本级人民政府、人民法院和人民检察院的工作"修改为"监督本级人民政府、监察委员会、人民法院和人民检察院的工作"。这一条相应修改为:"县级以上的地方各级人民代表大会常务委员会讨论、决定本行政区域内各方面工作的重大事项;监督本级人民政府、监察委员会、人民法院和人民检察院的工作;撤销本级人民政府的不适当的决定和命令;撤销下一级人民代表大会的不适当的决议;依照法律规定的权限决定国家机关工作人员的任免;在本级人民代表大会闭会期间,罢免和补选上一级人民代表大会的个别代表。"

二十、宪法第一百零七条第一款"县级以上地方各级人民政府依照法律规定的权限,管理本行政区域内的经济、教育、科学、文化、卫生、体育事业、城乡建设事业和财政、民政、公安、民族事务、司法行政、监察、计划生育等行政工作,发布决定和命令,任免、培训、考核和奖惩行政工作人员。"修改为:"县级以上地方各级人民政府依照法律规定的权限,管理本行政区域内的经济、教育、科学、文化、卫生、体育事业、城乡建设事业和财政、民政、公安、民族事务、司法行政、计划生育等行政工作，发布决定和命令，任免、培训、考核和奖惩行政工作人员。"

二十一、宪法第三章"国家机构"中增加一节，作为第七节"监察委员会"；增加五条，分别作为第一百二十三条至第一百二十七条。内容如下：

第七节　监察委员会

第一百二十三条　中华人民共和国各级监察委员会是国家的监察机关。

第一百二十四条　中华人民共和国设立国家监察委员会和地方各级监察委员会。

监察委员会由下列人员组成：主任，副主任若干人，委员若干人。

监察委员会主任每届任期同本级人民代表大会每届任期相同。国家监察委员会主任连续任职不得超过两届。

监察委员会的组织和职权由法律规定。

第一百二十五条　中华人民共和国国家监察委员会是最高监察机关。

国家监察委员会领导地方各级监察委员会的工作，上级监察委员会领导下级监察委员会的工作。

第一百二十六条　国家监察委员会对全国人民代表大会和全国人民代表大会常务委员会负责。地方各级监察委员会对产生它的国家权力机关和上一级监察委员会负责。

第一百二十七条　监察委员会依照法律规定独立行使监察权，不受行政机关、社会团体和个人的干涉。

监察机关办理职务违法和职务犯罪案件，应当与审判机关、检察机关、执法部门互相配合，互相制约。

第七节相应改为第八节，第一百二十三条至第一百三十八条相应改为第一百二十八条至第一百四十三条。

以上建议，请全国人民代表大会常务委员会依照法定程序提出宪法修正案议案，提请第十三届全国人民代表大会第一次会议审议。

中国共产党中央委员会
2018 年 1 月 26 日

名人名言

在民主的国家里，法律就是国王；在专制的国家里，国王就是法律。

——马克思

如果法律是非正义的，它就不能存在。

——奥古斯丁

笔记区

笔记区

链接二

维护宪法权威，推动宪法发展与实施

王 勇

2018年2月25日，《中国共产党中央委员会关于修改宪法部分内容的建议》公布，这是以习近平同志为核心的党中央从新时代坚持和发展中国特色社会主义全局和战略高度作出的重大决策。宪法修改是国家政治生活中的一件大事，这次宪法部分内容修改建议，既涉及宪法序言部分，也涉及宪法条文部分。光明日报3月1日刊发的《如何理解我国宪法序言及其法律效力》对我国宪法序言及其法律效力进行了系统深入的论述，指出宪法序言具有最高法律效力，是我国宪法最重要的特征之一。

时代在发展，世界在变化，我国的客观实际情况也在不断发展变化。宪法必须随着党领导人民建设中国特色社会主义实践的发展而不断完善发展，是法治实践不断发展完善的必然要求。自人类社会的第一部宪法诞生以来，宪法的发展就一直是一个永恒主题。

宪法修改是宪法发展的主要形式之一。世界上大多数国家的宪法都是有序言的，我国宪法内容包括宪法序言和宪法条文两大块内容，本次宪法修改建议既涉及序言的修改，也涉及宪法条文的修改。

宪法是全体人民的共识，维护宪法权威就是维护全体人民的共同意志。宪法修改必须遵循严格的程序，这是维护宪法权威的必然要求。自新中国第一部宪法颁布以来，我国就形成了由执政党中国共产党中央委员会根据社会实际情况的发展变化，向全国人大常委会提出宪法修改建议，然后由全国人大常委会形成宪法修正案，再向全国人民代表大会提出宪法修正案的宪法惯例。新时代，以习近平同志为核心的党中央，与时俱进，适时向全国人大常委会提出宪法修改建议，符合我国宪法修改启动程序，是宪法发展的必然要求，也是符合时代发展和宪法发展规律的，是保障我国宪法持久生命力的最好体现。

我国现行宪法自2004年修改至今，已经过去了十几年。如今，特别是自党的十八大以来，中国特色社会主义进入了新时代，党和国家事业有了很多重大发展，取得了诸多重大成就，形成了一系列重大理论创新成果，确立了习近平新时代中国特色社会主义思想在全党的指导地位。宪法是国家的根本大法，是治国安邦的总章程，体现了全体人民的共同意志和根本利益。所以，党中央适时提出宪法修改建议，把党的意志上升为国家意志，为新时代坚持和发展中国特色社会主义提供有力宪法保障，具有极其重大的现实意义。

宪法修改是国家政治生活中的一件大事，通过修改宪法可把执政党最新最重要的成熟理念和改革成果，尤其是把党的十九大确定的重大理论观点和重大方针政策载入国家根本法，这必然鼓舞人心，承前启后，持续推动我国社会主义现代化事业的发展，持续推动中华民族的伟大复兴。在我国，宪法序言是我国宪法的灵魂，是宪法的重要组成部分，宪法序言与宪法条文是一个有机统一整体，是不可分离的。宪法是法，具有法的属性，我国宪法序言同现行宪法各章节一样具有最高法律效力，体现全体人民意志。

党中央提出的宪法部分内容修改建议，需经全国人大常委会审议提出修正案后，在即将召开的第十三届全国人民代表大会第一次会议上，由全国人民代表大会的三分之二以上的代表表决通过后，方可生效实施。这是宪法权威的要求。因而，第十三届全国人民代表大会的 2 980 名正式代表必将肩负着更加神圣的历史使命。

宪法的权威在于实施，宪法的生命在于实施。新时代，需要强化宪法权威，需要把实施宪法提高到新的水平，这是依法治国、依宪治国之关键。党中央提出的宪法部分内容修改建议着力于推进国家治理体系与治理能力现代化，着力于提高党长期执政能力，着力于推进实现中华民族伟大复兴的中国梦，这无疑是全国人民所共同期盼的。

党的宗旨是全心全意为人民服务，党的意志在本质上应是与全体人民的根本意志相一致。因此，执政党的意志一旦上升为国家根本意志，就需要坚定不移落实人民意志。坚定不移维护宪法权威，坚定不移实施宪法，把各项工作全面纳入依法治国、依宪治国的轨道上来，这是以人民为中心的必然要求。维护宪法权威，坚定实施宪法，才是实现国家富强、民族振兴、社会进步、人民幸福之根本。

（参考资料：光明网）

笔记区

模块八

培养法治思维

感性导言

（背景音乐）

"法者，治之端也。"

法治就是用法律的准绳去衡量、规范、引导社会生活。一个现代国家，必须是一个法治国家；国家要走向现代化，必须走向法治化。

我国正处于社会主义初级阶段，全面建成小康社会进入决定性阶段，改革进入攻坚期和深水区，国际形势复杂多变，我们党面对的改革发展稳定任务之重前所未有、矛盾风险挑战之多前所未有，依法治国在党和国家工作全局中的地位更加突出、作用更加重大。面对新形势新任务，我们党要更好地统筹国内国际两个大局，更好地维护和运用我国发展的重要战略机遇期，更好地统筹社会力量、平衡社会利益、调节社会关系、规范社会行为，使我国社会在深刻变革中既生机勃勃又井然有序，实现经济发展、政治清明、文化昌盛、社会公正、生态良好，实现我国和平发展的战略目标，必须更好地发挥法治的引领和规范作用。

党中央高度重视法治建设。长期以来，特别是党的十一届三中全会以来，我们党深刻总结我国社会主义法治建设的成功经验和深刻教训，提出为了保障人民民主，必须加强法治，必须使民主制度化、法律化，把依法治国确定为党领导人民治理国家的基本方略，把依法执政确定为党治国理政的基本方式，积极建设社会主义法治，取得历史性成就。目前，中国特色社会主义法律体系已经形成，法治政府建设稳步推进，司法体制不断完善，全社会法治观念明显增强。

通过本模块的体验与学习，帮助大学生了解法律知识，增强法律意识，树立法治观念，培养法治思维，尊重法律权威，成为具有良好法律素质的新时代中国特色社会主义事业的建设者和接班人。

名人名言

法立，有犯而必施；令出，唯行而不返。

——王勃

必须严格依法办事，任何组织和个人都不允许有超越宪法和法律的特权。

——江泽民

感人案例

案例一

周永康被判处无期徒刑

2015年6月11日，天津市第一中级人民法院依法对周永康受贿、滥

笔记区

用职权、故意泄露国家秘密案进行了一审宣判,认定周永康犯受贿罪,判处无期徒刑,剥夺政治权利终身,并处没收个人财产;犯滥用职权罪,判处有期徒刑七年;犯故意泄露国家秘密罪,判处有期徒刑四年,三罪并罚,决定执行无期徒刑,剥夺政治权利终身,并处没收个人财产。周永康当庭表示,服从法庭判决,不上诉,进入司法调查以来,办案机关依法办案、文明执法、讲事实、讲道理,充分体现了我国司法的进步,使他认识到自己违法犯罪的事实给党的事业造成的损失,给社会造成了严重影响,再次表示认罪悔罪。

 有感而发

天津市第一中级人民法院经审理认为,周永康受贿数额特别巨大,但其归案后能如实供述自己的罪行,认罪悔罪,绝大部分贿赂系其亲属收受且其系事后知情,案发后主动要求亲属退赃且受贿款物全部追缴,具有法定酌定从轻处罚情节;滥用职权,犯罪情节特别严重;故意泄露国家秘密,犯罪情节特别严重,但未造成特别严重的后果。根据周永康犯罪的事实、性质、情节和对于社会的危害程度,法庭依法做出上述判决。

周永康在庭审最后陈述时说,"我接受检方指控,基本事实清楚,我表示认罪悔罪;有关人员对我家人的贿赂,实际上是冲着我的权力来的,我应负主要责任;自己不断为私情而违法违纪,违法犯罪的事实是客观存在的,给党和国家造成了重大损失;对我问题的依纪依法处理,体现了全面从严治党、全面依法治国的决心。"

周永康的人生起点同我们大多数人一样,是一个普通的大学生。但是历经40年到达中央政治局常委(正国级)的级别,可谓是凤毛麟角,人中之杰。他之所以出现严重违纪问题,其根本原因是法治观念薄弱,把党和人民赋予的权力作为谋取私利的手段,凌驾于党纪国法之上。这种人权力越大,危害越大。周永康就其一人,在约20年时间里,导致10余省地、国土、石油、公安、政法等多个系统的众多干部腐败犯罪,建立起了一个十分惊人的腐败"王国"。凡跟他有关的人,很难逃脱堕落、违法犯罪的命运。像他这样的腐败分子不需要很多,仅几个、十几个,就足以腐蚀全党全国,搞垮政权。

周永康被判处无期徒刑,标志着习近平等国家领导人坚决反腐败的政治决心,体现了法律权威不容挑战,也反映出加强法治教育,树立法治观念的重要性和紧迫性。

1. 大学生要坚定对法律的信仰

自古以来,中国官员就一直有太多凌驾于法律之上的特权。此次周永康被判刑,表明了共产党从严治党,依法治国的决心和勇气。向全世界表明,中国的党纪和法律并非儿戏,任何人不管级别多高,只要违法违纪都要依法追究责任,法律面前人人平等。作为大学生,我们更要坚定对法律的信仰,自觉维护法律的尊严。

2. 大学生要自觉树立法治观念

法治观念是指导人们进行法治实践的思想基础、基本原则和价值追求。人们在长期的法治实践中会自觉形成一定的法治观念，并在其支配下参与法治实践。中国特色的社会主义要想持续发展，执政党要想基业长青，公民就必须有法律意识，自觉树立法治的观念。

社会主义法治观念不仅有助于大学生改造内心世界，也有助于大学生塑造新的行为模式，逐步培养社会主义法治思维。形成自觉依法办事的意识，养成依法办事的习惯。

3. 大学生要自觉维护法律权威

在当代中国，树立法律权威对于建设社会主义法治国家、实现国家的长治久安具有非常重要的意义。法律权威是国家稳定的坚实基础。当国家的最高权威是领导者个人时，政治稳定、国家的兴衰就将寄托于领导者个人身上。随着领导者的更迭，国家的政局就有可能大起大落，政策与法律也会频繁变动。而当国家的最高权威是法律时，由于法律是一种超越于任何个人之上的普遍性规则，具有稳定性和连续性，即使领导者会变动和更迭，但政治统治与社会秩序仍将保持相当的稳定性和连续性，这也从制度上保证了法律的权威性。

大学生要自觉尊重与维护法律权威，成为法律权威的坚定维护者。在自己学习与掌握法律知识的同时，还要积极主动地向他人宣传法律，帮助和引导他人尊重法律权威。特别是要宣传社会主义法治理念，帮助人们彻底根除"权大于法"等封建人治思想。大学生在自觉遵守国家法律的同时，也要有强烈的社会责任感，增强护法意识，要敢于和善于同违法犯罪行为做斗争，以维护法律的神圣和尊严。

▶ **叩心自问**

1. 从周永康的案例中你得到哪些启示？
2. 谈谈你如何在实践中维护法律权威？

名人名言

立善法于天下，则天下治；立善法于一国，则一国治。

——王安石

让我们维护公平，那么我们将会得到更多的自由。

——约瑟夫·儒贝尔

案例二

暑假打工落陷阱

大三学生小张在学校宣传栏看到一张招工广告，上写"某国际知名企业在本地举办展销会，招募临时工作人员，日薪200元，包午餐，工作时间30天"。如此优渥的待遇，让小张不禁怦然心动，立刻打通了该活动举办方的电话。通过面试后，小张顺利上岗，投入了紧张的工作中，有时还要加班到很晚。然而上班十几天之后，却被告知场地没有落实下来，该展销会取消，之前的十几天是前期准备，所以工资仅按照80元一天给小张进行结算。因为没有任何书面协议，小张没有依据要求对方支付约定的200元日薪，更别提加班费了。

 有感而发

这是一个大学生因缺乏法治观念而导致上当受骗的常见案例。

想利用假期做兼职，既可以为自己积累社会经验，还可以挣点零花钱，同时也为父母减轻一些经济负担，充实假期生活，这已成为许多大学生的共同想法。可是大学生在兼职时上当受骗的事情时有发生。造成大学生频频受骗的主要原因是在校大学生缺乏社会经验，法律意识不强，法制观念不深。大学生打工一般不认定其身份为劳动者，因此在校学生利用课余时间或寒暑假打工，与单位之间并非劳动关系，不能签订劳动合同，不受《劳动法》、《劳动合同法》等相关法律法规的保护。

那么，当打工的学生与服务单位发生纠纷或自己权益受到不法侵害时该如何维护自己的合法权益呢？

（1）学习与掌握相关法律法规，了解大学生的特殊身份，依法维护自身权益，应成为每一位大学毕业生畅行职场前的必修课。

（2）打工大学生虽然与服务单位不属于劳动关系，但属于合同关系。因此，大学生在和用人单位面谈时，一定要清楚明确地和用人单位就工作内容、工作时间、工作报酬和支付（税前还是税后）等重要事项进行约定，最好要和用人单位签订书面协议。即使没有签订合同，也一定要保存好工作证据，例如，与用人单位面谈时的录音、工作中形成的资料及双方往来的通讯记录等。

（3）增强法治观念。一旦发现用人单位有侵权、违约等违法行为时，可以依双方签订的协议或所持有的证据材料向法院起诉，也可以通过媒体给用人单位造成压力达到维护自己权益的效果。

叩心自问

1. 本案例给了你什么启示？
2. 你如何增强法治观念？

名人名言

法律不能使人人平等，但是在法律面前人人是平等的。

——波洛克

有理智的人在一般法律体系中生活比在无拘无束的孤独中更为自由。

——斯宾诺莎

案例三

风可进，雨可进，国王不可进

德国皇帝威廉一世曾在波茨坦建立了一座行宫。一次，威廉一世登高远眺波茨坦市的全景，发现巍峨的行宫旁边竟然立着一间破败的小磨坊，实在"有碍观瞻"。威廉一世自认为是一个民主的人，于是首先派人与磨坊主协商，打算买下磨坊以便拆除。孰料磨坊主人是个顽固的老头，坚决不肯出卖，因为这是祖上世代留下来的，不能败在自己手里。威廉一世很生气就派出军队强行拆除了磨坊。

磨坊主人没有屈服，向法院提起了诉讼。

法官很为难，但他们见到矗立在法院门外的正义女神雕像后，信心大增，雕像背后所书的格言镌刻法官的心头："为了正义，哪怕它天崩地裂！"三位法官一致认为，法官只有一个上司，那就是法律。法官只忠于一个上司，法律。最终法官裁定威廉一世擅用王权，侵犯原告人由宪法规定的财产权利，触犯了《帝国宪法》第79条第6款，判决如下：责成被告人威廉一世，在原址立即重建一座同样大小的磨坊，并赔偿原告人误工费、各项损失费、诉讼费等费用150马克。

后来威廉一世驾崩和老磨坊主去世了，小磨坊主想进城把磨坊给卖了，不由想起了那个老买主，于是就给威廉二世写了封信。威廉二世给他回了信："我亲爱的邻居，来信已阅。得知你现在手头紧张，作为邻居我深表同情。你说你要把磨坊卖掉，我认为切切不可。磨坊已成为德国司法独立之象征，理当世世代代保留在你家的名下。至于你的经济困难，我派人送去6 000马克，请务必收下。如果你不好意思收的话，就算是我借给你的，解决你一时之急。你的邻居威廉二世"。

小磨坊主接到回信后，十分感动，决定不再出售这座磨坊，以铭记这段往事。

直到现在，那个象征德国司法独立，代表了一个民族对法律信念的磨坊仍像纪念碑一样立在德国的土地上。

有感而发

"风可进，雨可进，国王不可进"，意思是即使是最穷的人，在他的寒舍里也敢于对抗国王的权威，凸显了法律的神圣和不可侵犯。

孟德斯鸠曾经说过"一切有权力的人都容易走向滥用权力""有权利的人直到把权用到极限方可休止"。国王作为一个国家至高无上的人，掌握着巨大的权力，如若不加以控制，则很可能把权力滥用到极致，从而使人民遭受到损失。所以，为了限制国王的权力，必须遵循"王在法下"的原则，即法律才是管理国家最强有力的工具，要依法治国。

依法治国，我们必须以马克思列宁主义、毛泽东思想、邓小平理论、

笔记区

笔记区

"三个代表"重要思想、科学发展观、习近平新时代特色社会主义思想为指导，坚持党的领导、人民当家作主、依法治国有机统一，坚定不移地走中国特色社会主义法治道路，坚决维护宪法法律权威，依法维护人民权益、维护社会公平正义、维护国家安全稳定，为实现"两个一百年"奋斗目标、实现中华民族伟大复兴的中国梦提供有力法治保障。

依法治国的总目标是建设中国特色社会主义法治体系，建设社会主义法治国家。这就是，在中国共产党领导下，坚持中国特色社会主义制度，贯彻中国特色社会主义法治理论，形成完备的法律规范体系、高效的法治实施体系、严密的法治监督体系、有力的法治保障体系，形成完善的党内法规体系，坚持依法治国、依法执政、依法行政共同推进，坚持法治国家、法治政府、法治社会一体建设，实现科学立法、严格执法、公正司法、全民守法，促进国家治理体系和治理能力现代化。

作为大学生，我们应当自觉树立社会主义法治观念，尊重社会主义法律权威，尤其是要尊重宪法之上的权威，在实际行动上自觉维护社会主义法律权威，做到信仰法律、遵守法律、服从法律和维护法律。

▶ 叩心自问

1. 你对威廉二世拒绝购买磨坊有何看法？
2. 为什么说法律是神圣不可侵犯的？

名人名言

法律应该是社会共同的，由一定物质生产方式所产生的利益和需要的表现，而不是单个的个人恣意横行。

——马克思

人人有依法规定的平等权利和义务，谁也不能占便宜，谁也不能犯法。不管谁犯了法，都要由公安机关依法侦查，司法机关依法办理，任何人都不许干扰法律的实施，任何犯了法的人都不能逍遥法外。

——邓小平

感动体验："模拟法庭"

【活动目的】

（1）通过课堂上模拟法庭的开设，让学生切身体会法律的神圣和庄严。

（2）通过亲身体验，让学生了解法庭程序的安排及相关法律知识的运用。

（3）通过亲身体验，培养学生对法律知识的兴趣，增强法律意识。

【活动准备】

（1）选择近期比较热门且有可操作性的真实案件。

(2) 人员分工：将整个班级分为四个小组：审判组、起诉组、辩护组和综合组；审判组由审判长、审判员（陪审员）、书记员以及其他不出庭的人员组成；起诉组由公诉人或原告及其代理人以及不出庭人员组成；辩护组由辩护律师、代理人以及不出庭人员组成；综合组由犯罪嫌疑人、被告人、被害人、证人、鉴定人、法警等其他诉讼参与人以及不出庭人员组成。

(3) 以小组为单位搜集资料，根据自己的角色定位了解案情及准备开庭陈诉。

(4) 模拟法庭教室一间。现场布置：国徽；法官席；书记员席；公诉人席/原告及其代理人席；被告及其代理人席；证人席；犯罪嫌疑人席；旁听席；服装、法槌、投影、话筒、音响等。

【活动过程】

(1) 书记员核对当事人情况。
(2) 书记员宣布起立，法官进入。
(3) 法官介绍案件基本情况（合议庭组成，原被告，案由等）。
(4) 原告宣读起诉书，从诉讼请求开始读。
(5) 被告宣读答辩意见。
(6) 法官可以提问，归纳辩论焦点。
(7) 法庭调查，证据交换：原告出示第一组证据，说明证明内容，传递给被告质证，被告发表质证意见（一般从证据真实性和证明内容两方面说，比如真实性无异议，但所证明内容有异议之类的）。然后第二组，然后被告出示。
(8) 法庭辩论，原告先说，被告后说，主要是对有争议的事实进行说明。
(9) 法官询问要不要调解，不需要调解就直接给出判决。
(10) 教师针对课堂中模拟法庭的表现做点评，并对学生以小组为单位给出优秀、良好及合格、不合格四个等级的评价。

附：模拟法庭案例脚本

（法庭准备阶段）

书记员：传双方当事人到庭……

请双方当事人入座；

下面宣布法庭纪律；

(1) 未经法庭许可不准录音、录像、摄影；
(2) 除本院因工作需要进入审判区的人员外，其他人员一律不准进入审判区；
(3) 不准鼓掌、喧哗、吵闹和实施其他妨碍司法审判的活动；
(4) 未经审判长许可，不准发言、提问；
(5) 请关闭一切通信工具；
(6) 对于违反法庭纪律规则的人，审判人员可以口头警告训诫，也

笔记区

可以没收录音、录像和摄影器材，责令退出法庭或予以罚款、拘留；

（7）对哄闹、冲击法庭、妨碍审判人员审判等严重扰乱法庭纪律的行为，依法追究刑事责任，情节较轻的予以罚款。

书记员：现在，根据《中华人民共和国民事诉讼法》第123条第1款的规定，查明双方当事人及诉讼参与人到庭情况。原告及委托代理人是否到庭？被告及代理人是否到庭？

原告、被告：到庭。

书记员：全体起立。请合议庭组成人员入庭。

审判长：全体请坐。

书记员：报告审判长，原告×××及其委托代理人，被告×××及其委托代理人均已到庭，法庭准备工作已经就绪，可以开庭。

审判长：根据《中华人民共和国民事诉讼法》第123条第2款的规定，现在核对当事人，首先由原告向法庭报告你的姓名、年龄、民族、出生年月日、工作单位、职务及家庭住址。

原告：（回答）。

审判长：由原告委托代理人向法庭报告你的姓名、工作单位、职务及代理权限。

原告委托代理人：（回答）。

审判长：由被告向法庭报告你的姓名、年龄、民族、出生年月日、工作单位、职务及家庭住址。

被告：（回答）。

审判长：由被告委托代理人向法庭报告你的姓名、工作单位、职务及代理权限。

被告委托代理人：（回答）。

审判长：经过审查，上述当事人及诉讼代理人的身份及委托权限与庭审前办理的手续一致，当事人之间未提出异议，出庭资格有效，准许参加诉讼，现在开庭。（敲法槌）

审判长：根据《中华人民共和国民事诉讼法》第142条、第143条、第145条的规定，××市人民法院民事审判庭今天在此依法适用普通程序审理原告×××，被告×××消费者权益保护纠纷一案。本案由本庭审判长×××，审判员×××，审判员×××组成合议庭，本院书记员×××担任法庭记录。

《中华人民共和国民事诉讼法》第45、第46条的规定，当事人有申请回避的权利。审判人员有以下三种情况，可能影响案件公正审理的，当事人有权书面或口头申请他们回避：①是本案的当事人、诉讼代理人的近亲属；②与本案有利害关系；③与本案当事人有其他关系，可能影响对案件的公正审理的。提出回避申请应当在开庭前提出；在开庭过程中得知需要回避事项的应当在法庭辩论终结前提出，并向法庭说明正当理由。

原告,对于本案合议庭组成人员及书记员是否提出申请回避请求?

原告:不申请。

审判长:被告是否申请回避?

被告:不申请。

审判长:之前本院的立案流程机构已经向当事人送达了开庭通知,须知中已经阐明了法庭审理过程中当事人享有的诉讼权利和必须履行的诉讼义务。对此,原告方是否明确?

原告:明确。

审判长:被告方是否明确?

被告:明确。

(法庭调查阶段。)

审判长:下面进行法庭事实调查,当事人对自己提出的主张有责任提供证据,反驳对方的主张应当说明理由。先由原告陈述事实、诉讼请求及理由。

原告:(读起诉书。)

审判长:下面由被告针对原告的起诉发表你们的答辩意见。

被告:(读答辩书。)

审判长:根据原被告陈述,本案争议焦点是:

一是……

二是……

鉴于此,双方当事人将就此问题进行质证。原告对本庭总结的争议事实有无补充?

原告:没有补充。

审判员:被告?

被告:没有补充。

审判员:下面就这一事实进行证据调查,由于在庭审前本院的立案流程机构已经组织双方进行了证据交换,并且送达了证据清单,因此在质证过程中,双方当事人按照庭前所提交的证据清单载明的序号说明证据的名称以及证据所要证明的对象,其他诉讼参与人在发表质证意见的时候,应当围绕证据的真实性、合法性、关联性、有无证据效力以及证明效力的大小发表。首先由本案的原告出示证据。

原告:我方向法庭提交……,用以证明起诉事实。

审判长:被告对此有无异议?

被告:对原告提供的……的真实性及内容无异议。

审判长:下面由被告按照证据清单载明的序号出示证据,说明证据名称、来源及所要证明的对象,由原告进行质证。

被告:

1 说明如下……

2 说明如下……

笔记区

审判长：原告对被告提供的证据及要证明的内容有何意见？

原告：无异议。

审判长：通过刚才的法庭调查，各方已对争议的事实发表了充分的意见，各方当事人是否有新的证据向法庭提供？

原告：没有。

被告：没有。

审判长：法庭调查终结。依据《中华人民共和国民事诉讼法》第127条，下面进行法庭辩论，法庭应紧密围绕本案争议的事实进行，不得进行与本案无关的发言，不准使用侮辱、诽谤、人身攻击的语言，在辩论时不得重复发表意见，包括不再重复事实、不再重复证据以及质证意见。现合议庭根据庭审质证和庭审调查已查明的事实，确定法庭辩论时双方当事人应围绕下列争议焦点进行：

1......

2......

审判长：原告方有无异议？

原告：无异议。

审判长：被告方有无异议？

被告：无异议。

（法庭辩论阶段。）

审判长：下面进行法庭辩论，首先由原告针对争议焦点发表辩论意见。

原告发表辩论意见（略）。

审判长：现在由被告发表辩论意见。

被告发表辩论意见（略）。

审判长：双方互相辩论。

原告：（略）。

被告：（略）。

审判长：双方无新的辩论，辩论结束，下面征询双方当事人最后意见，原告，最后还有什么意见？

原告：坚持诉讼请求。

审判长：被告，最后还有什么意见？

被告：请求驳回原告的诉讼请求。

审判长：下面依据《中华人民共和国民事诉讼法》规定，对本案进行调解。原告是否同意调解？

原告：在诉讼前，双方已进行过多次协商，但被告没有调解诚意，现我不愿意进行调解，听候判决。

审判长：被告，是否同意调解？

被告：不同意。

审判长：由于原被告不同意调解，本庭不再组织调解，合议庭需要对本案休庭十分钟进行评议。

审判长：下面宣布休庭十分钟，合议庭进行评议。请双方当事人查阅庭审笔录，并且在庭审笔录上签字，如果认为庭审笔录上有错误或者有遗漏，征得书记员许可后，可以申请另页补正。

（合议庭评议阶段。）

书记员：全体起立，请合议庭退庭。（合议庭下。）

（十分钟后。）

书记员：休庭时间到，请全体起立，请合议庭人员到庭。

审判长（坐定后）：请坐下。

（宣布判决阶段。）

审判长：经过开庭审理，合议庭评议，本庭认为，本案事实清楚，可以结案。

被告人×××诉讼请求虽然合理，却已涉及不特定的权利主体和标的物，超出本案能够处理的范围，难以全部支持。但这一诉讼请求中，作为消费者，被告享有知情权，该诉讼请求中的这一部分合理合法，应当支持。综上，被告要求判决驳回原告×××的诉讼请求不当。据此，××市中级人民法院依照《中华人民共和国民事诉讼法》第153条第1款第（3）项的规定，于×××年×月×日判决如下：

一……

二……

三案件受理费共100元，由原告人×××负担20元，被告××各负担40元。

如不服本判决，可在判决书送达之日起十五日内，向本院递交上诉状正本一份、副本两份，上诉于××市中级人民法院。

书记员：我已将法庭审理的全部活动记入笔录，已经过审判员和书记员签名，当事人和其他诉讼参与人可以当庭或者在五日内阅读，当事人和其他诉讼参与人认为对自己的陈述记录有遗漏或者差错，有权申请补正。如果不予补正，应当将申请记录在案。双方当事人是否当庭查阅笔录？

书记员：原告方？

原告：不查阅。

书记员：被告方？

被告：不查阅。

书记员：全体起立，请审判人员退庭。

感悟分享

模拟法庭是一种新颖的普法教育形式，它真实地再现了法庭上的审判过程，大学生在参与的过程中，会自觉地融入角色中，从而慢慢领悟到案

笔记区

例给予的启示。同时,模拟法庭也是大学生了解和认知法律,体会法律威严,学会运用法学理论保障公民合法权益的最有效的途径和方法之一,对大学生自身的生活和学习以及今后参加工作有着重要的帮助作用。

(1)你在本次模拟法庭中所担任角色的职责是什么?
(2)庭审中证据的重要性有哪些?
(3)通过本次体验活动,你学到了什么?

小组分享:学生以各小组为单位进行感受分享。

大组分享:由各小组推荐或自荐一名同学上台进行感受分享。

亲历感言(学生填写)
1.
2.
3.

活动点评(老师填写)
1.
2.
3.

感恩结语

(背景音乐)

刚才,同学们认真参加了"模拟法庭"体验活动。在参与的过程中,许多同学从开始的新奇、好玩,渐渐融入情境、情节和角色之中,领悟到了活动给予自己的启示和意义。同学们刚才的感悟分享,也很真挚、真实,让老师很受感动!

感谢同学的分享,谢谢你们!

名人名言

在一切能够接受法律支配的人类的状态中,哪里没有法律,哪里就没有自由。

——洛克

法治概念的最高层次是一种信念,相信一切法律的基础,应该是对于人的价值的尊重。

——陈弘毅

感奋践行

一、书面作业(二选一)

(1)你对本次模拟法庭活动有哪些感悟?
(2)你认为尊重法律权威的基本要求有哪些?

二、行动项目

根据本模块内容，结合学生日常教育管理要求，提出一项具体行动目标，下次课进行大组分享。

相关链接

链接一

镶在墙上的法治精神

李永君

伦敦大学亚非学院（School of Oriental and African Studies），直译应为东方和非洲学院，但俗称亚非学院。六十年前，作家老舍先生曾在这里工作过五年，并写了一篇名为《东方学院》的散文。该院的招生对象有两类：一是来自亚洲、非洲的学生，向他们灌输欧洲的有关知识；二是培训想去亚洲和非洲的欧洲人，向他们讲授亚非文化和语言。该院的教学区有一座漂亮的教学楼，2002年9月，我们在亚非学院法律系学习期间，经常在这里上课。

安排的课程中有一项很特别的内容，叫作"Walk around Legal London"，意思是步行参观附近的司法机关、律师公会和法学研究机构。这种感性接触，对于了解他们的司法制度有着特别直观的作用。那天上午，我们在教学楼前集合完毕，学院的×先生带我们参观。他说："我们就从这座教学楼开始吧。"

从教学楼开始？我们感到很奇怪。

他领我们转到教学楼临街的一面，指着墙上一人多高的地方，那里镶着一块铁牌。铁牌如奖状大小，红褐色的铁锈和砖墙的颜色十分接近，如不留神，还真不易发现。铁牌上记载的是这座楼房历史上的一个故事。

此楼建于20世纪80年代。建楼的资金来自一笔善款，因此校方决定要把此楼建得漂漂亮亮，永垂青史。经过名师设计和将近两年的施工，大楼建成了。果然令人满意，厚重的高墙、宽大的门窗，既有古典的庄重，又有现代的浪漫，无不显示着学府的儒雅和知识的渗透。于是校方筹备了隆重的落成庆典，还特别邀请了市长、议员和地方名流前来剪彩。

庆典的前夜，校方接到一个电话，问建设这座大楼是否经过了地方政府的批准。

校方答复，当然，我们办齐了一切手续。

那么你们得到地主的同意了吗？对方接着问道。

地主？谁是这儿的地主？

是罗素家族，这里是罗素家族的私有地皮。你们仅有政府的批件不行，这儿是私人财产，你们没有征得土地所有者的同意。

啊？怎么会是这样？实在对不起！那我们现在应该怎么办？

笔记区

很简单，拆掉大楼，恢复原状。

这怎么可能？明天就要剪彩了，而且有很多要人参加。

这是你们的事，与我们无关。

伦敦大学着急了，刚建好的大楼一天没用，哪能说拆就拆，但是明天的剪彩先取消了吧。

紧接着，校方与罗素家族进行了紧急协商，答应赔偿损失。但财大气粗的罗素家族就是不要钱，只要原来那块草地。这不是存心过不去吗？颇有政治地位和社会影响的伦敦大学坚持保存楼房，不予让步。互不相让的双方终于将纠纷诉之法院。

法院审理认为，此案法律关系极为明确，伦敦大学未经土地所有人许可而擅自使用，属明显的侵权行为。应当按照土地所有人的要求，拆掉楼房，恢复原状。

法院判决面前，伦敦大学无话可说，拆吧，认倒霉。他们又把建楼的那拨人找来，这样可能会减少一些物料的损失，以便再次使用。就在动工拆楼的前夜，罗素家族又打来一个电话，表示大楼不用拆了。

不用拆了？！校方简直不相信自己的耳朵。

是的，不用拆了。我早就想好了，当你们真要拆楼的时候，我就会放弃自己的要求。

哎呀，罗素先生，十分感谢，十分感谢！那么我们尽可能多的赔偿您的损失。

不用了，罗素家族差不着你们那座楼钱。

啊！您真是大善人！那么我们为您做点什么呢？

很简单，我只要你们认识到自己的错误，写一份道歉声明，并将此事刻碑留念，警示后人：私有财产神圣不可侵犯，法律面前人人平等。

那好办。

校方很快写出了一份措辞恳切、感情真挚的道歉兼感谢信，并准备在大楼的路旁竖碑。"大善人"说，哪用得着这么长的文字，几句话就行了。特别是不要在路旁竖碑，说不清什么时候碍事，就被搬走了。你们只把关键的几句话镶到墙上，让它与大楼同在就行了。于是这块小小的铁牌，在大楼落成典礼上，就被庄严地安置在了崭新的楼墙上。

我凑前细看，那几句话是："伦敦大学因侵犯罗素先生土地所有权的违法行为而向他表示痛心的道歉，并对他大公无私、热心助教的高尚品德表示真挚的感谢！"

离开伦敦大学的前一天，我带上相机，专门给这个铁牌子照了一张相。这个小小的牌子，不正宣示着虽看不见但能让人实实在在地感到的权利、自由和法治精神吗？

（参考资料：《读者》2011年第11期）

名人名言

只有不违反公正的法律，那么人人都有完全的自由以自己的方式追求自己的利益。

——亚当·斯密

法律是人类为了共同利益，由人类智慧遵循人类经验所做出的最后成果。

——强森

链接二

习近平纵论依法治国

党的十八大以来，习近平总书记围绕全面依法治国做了一系列重要论述。这些论述立意高远，内涵丰富，思想深刻，对于我们深刻理解全面依法治国具有重大意义。中国日报网为您梳理在这五年里，习近平是如何论述依法治国的。

一、为什么要推进依法治国？

小智治事，中智治人，大智立法。治理一个国家、一个社会，关键是要立规矩、讲规矩、守规矩。法律是治国理政最大最重要的规矩。推进国家治理体系和治理能力现代化，必须坚持依法治国，为党和国家事业发展提供根本性、全局性、长期性的制度保障。

——在中共十八届四中全会第二次全体会议上的讲话（2014年10月23日）

我们面对的改革发展稳定任务之重前所未有，矛盾风险挑战之多前所未有，依法治国地位更加突出、作用更加重大。我们必须坚定不移贯彻依法治国基本方略和依法执政基本方式，坚定不移领导人民建设社会主义法治国家。全面建成小康社会、全面深化改革，都离不开全面推进依法治国。

——在中共中央召开的党外人士座谈会上的讲话（2014年8月19日）

二、依法治国的核心是什么？

全面依法治国，核心是坚持党的领导、人民当家作主、依法治国有机统一，关键在于坚持党领导立法、保证执法、支持司法、带头守法。要在全社会牢固树立宪法法律权威，弘扬宪法精神，任何组织和个人都必须在宪法法律范围内活动，都不得有超越宪法法律的特权。

——在庆祝中国共产党成立95周年大会上的讲话（2016年7月1日）

社会主义法治必须坚持党的领导，党的领导必须依靠社会主义法治。法是党的主张和人民意愿的统一体现，党领导人民制定宪法法律，党领导人民实施宪法法律，党自身必须在宪法法律范围内活动，这就是党的领导力量的体现。党和法、党的领导和依法治国是高度统一的。我们就

笔记区

是在不折不扣贯彻着以宪法为核心的依宪治国、依宪执政，我们依据的是中华人民共和国宪法。

——在省部级主要领导干部学习贯彻十八届四中全会精神全面推进依法治国专题研讨班开班式上的讲话（2015年2月2日）

三、法治与改革的关系是什么？

科学立法是处理改革和法治关系的重要环节。要实现立法和改革决策相衔接，做到重大改革于法有据、立法主动适应改革发展需要。在研究改革方案和改革措施时，要同步考虑改革涉及的立法问题，及时提出立法需求和立法建议。实践证明行之有效的，要及时上升为法律。实践条件还不成熟、需要先行先试的，要按照法定程序作出授权。对不适应改革要求的法律法规，要及时修改和废止。

——在中央全面深化改革领导小组第六次会议上的讲话（2014年10月27日）

政府职能转变到哪一步，法治建设就要跟进到哪一步。要发挥法治对转变政府职能的引导和规范作用，既要重视通过制定新的法律法规来固定转变政府职能已经取得的成果，引导和推动转变政府职能的下一步工作，又要重视通过修改或废止不合适的现行法律法规为转变政府职能扫除障碍。

——在中共十八届二中全会第二次全体会议上的讲话（2013年2月28日）

四、法治与德治的关系是怎样的？

法律是成文的道德，道德是内心的法律。法律和道德都具有规范社会行为、调节社会关系、维护社会秩序的作用，在国家治理中都有其地位和功能。法安天下，德润人心。法律有效实施有赖于道德支持，道德践行也离不开法律约束。法治和德治不可分离、不可偏废，国家治理需要法律和道德协同发力。

——在主持中共中央政治局第三十七次集体学习时强调（2016年12月9日）

要坚持依法治国和以德治国相结合，把法治建设和道德建设紧密结合起来，把他律和自律紧密结合起来，做到法治和德治相辅相成、相互促进。

——在主持中共中央政治局就全面推进依法治国进行第四次集体学习时强（2013年2月23日）

五、如何做到依法用权

纲纪不彰，党将不党，国将不国。要在全党同志特别是高级干部中进一步重申，必须坚持依法治国、依法执政、依法行政，任何人都不得违背党中央的大政方针、搞"独立王国"、自行其是，任何人都不得把党的政治纪律和政治规矩当儿戏、胡作非为，任何人都不得凌驾于国家法律之上、徇私枉法，任何人都不得把司法权力作为私器谋取私利、满足私欲。党纪国法的红线不能逾越。

——在省部级主要领导干部学习贯彻党的十八届四中全会精神全面推进依法治国专题研讨班上的讲话（2015年2月2日）

要正确行使权力，依法用权、秉公用权、廉洁用权，做到心有所畏、言有所戒、行有所止，处理好公和私、情和法、利和法的关系。要带头执行民主集中制，按照程序进行决策，做到总揽不包揽、分工不分家、放手不撒手。

——同中央党校第一期县委书记研修班学员进行座谈并讲话（2015年1月12日）

六、如何让群众感受公平正义

全面依法治国，必须紧紧围绕保障和促进社会公平正义来进行。公平正义是我们党追求的一个非常崇高的价值，全心全意为人民服务的宗旨决定了我们必须追求公平正义，保护人民权益、伸张正义。

——在省部级主要领导干部学习贯彻十八届四中全会精神全面推进依法治国专题研讨班开班式上的讲话（2015年2月2日）

要努力让人民群众在每一个司法案件中都感受到公平正义，所有司法机关都要紧紧围绕这个目标来改进工作，重点解决影响司法公正和制约司法能力的深层次问题。

——在主持中共中央政治局就全面推进依法治国进行第四次集体学习时强调（2013年2月23日）

（参考资料：中国日报网，2017年8月11日）

模块九

自觉守法用法

感性导言

（背景音乐）

权利与义务问题是人们在生产生活中经常遇到的现实问题，权利和义务关系也是社会关系的核心部分。权利和义务的内容、种类是不同的。其中被法律规定或认可的，称为法律权利和法律义务。享有法律权利的社会主体称为权利人，承担法律义务的社会主体称为义务人。

我国宪法规定，任何公民都享有宪法和法律规定的权利，同时必须履行宪法和法律规定的义务。公民在法律面前一律平等。公民的权利和义务是对等的，任何人不得享有法内或法外特权；公民的权利和义务是统一的，不允许任何人只享受法律权利，不履行法律义务；所有公民都是享有法律权利和履行法律义务的统一体，并把自己依法履行义务作为他人依法享受权利的实现条件。

大学生是现代社会的"边际公民"，在接受高等教育的特定时期，他既是一个"社会人"，也是一个"学校人"，其具有多重主体身份。因此，大学生在校期间，必须要认真学习相关的法律知识，学会正确行使法律权利和履行法律义务，妥善处理校园生活中遇到的各种问题与矛盾，妥善处理社会上的各种关系与问题，以保证公共生活的秩序，提高社会的生活质量。只有这样，才能圆满完成学业，确保成人成才。

通过本项目的体验与学习，帮助大学生了解宪法规定的公民权利和义务的基本内容，理解法律权利与法律义务的关系，提高大学生依法行使权利与履行义务的能力，从而全面提升大学生法律素质和个人修养。

名人名言

没有国家的力量，就没有个人的权利。

——罗曼·罗兰

在人生的每个阶段，我们无论是对社会还是对个人，都要承担一定的义务。

——西塞罗

感人案例

案例一

共享单车新增投放被暂停

2018年3月17日凌晨，滴滴在深圳投放青桔单车的相关情况被举报。深圳市交通委员会表示，滴滴出行违规投放青桔单车，已经于3月

笔记区

笔记区

17日下午约谈了滴滴出行,责令该企业整改、立即收回违规投放车辆。此前,深圳市交委印发了《深圳市互联网租赁自行车规范管理整治行动实施方案》。该方案要求,深圳市暂停共享单车新增投放,新增车辆投放计划需提交市交委确认。

 有感而发

本案中,深圳市交委执法有据,正确使用法律权利。企业违规投放,属知法犯法,没有履行法律义务。

作为一种方便、绿色出行方式,共享单车深受人民群众欢迎,但由于政府、企业和使用者在行使法律权利和履行法律义务上不到位,也给城市交通和人们出行造成了一定的麻烦和困难。甚至在一些地方对共享单车的治理落入"一放就乱,一管就死"的窠臼。

共享单车最初兴起的时候,缘于对它所代表理念的认可,各地政府在管理上大都采取支持或是放任的态度。于是企业一哄而上,无序投放、野蛮生长问题十分突出,再加上使用者乱停乱放,给交通和其他方面的管理带来压力。而在共享单车出现问题以后,一些城市管理者的态度又走向了另一个极端,采取禁止投放的严厉措施。

虽然这两年共享单车给城市交通治理带来了很多麻烦,成为"城市病"的一个新变种,但是在今年的全国两会上,代表委员们对它在解决群众出行"最后一公里"、缓解城市交通拥堵方面发挥的作用,依然给予了高度认可,同时提出了"在发展出中规范,在规范中发展"的治理思路。这就是说,发展是趋势,规范是前提。

完全禁止共享单车投放违背了发展的目标,显然不行,那么就需要根据共享单车自身的特点对其进行动态化管理。所谓动态化管理,就是要建立科学的准入和退出机制。就准入机制来讲,应该放低门槛,体现法律面前人人平等,对有资质的守法企业,应该一律打开大门,允许其进行公平的市场竞争。就退出机制来讲,对一些有违法行为、不能对投放的单车进行有效管理、无法继续经营的企业,应该依法要求其退出市场,而不是一朝获得许可就一劳永逸。宽进严出的管理正是发挥市场在资源配置中决定作用的核心要义。

另外,一个城市对共享单车进行管理还应该通过大数据、云计算等对共享单车的需求量以及如何布局投放进行科学分析和计算,以此作为科学管理的依据。共享单车是消耗品,对一些老旧和破损车辆应该要求企业及时更新,做不到的企业需及时退出行业竞争,这也体现了动态管理和科学管理。

对共享单车不能随意贴上"乱象"标签。事实上,这也关系到企业、使用者与管理者能否正确行使法律权利,自觉履行法律义务的大问题。因此,我们要加强法治教育,提高全民法律素质,共同做好共享单车的治理,发挥便民优势,彰显绿色理念,让社会治理跟上国家和社会现代化的脚步。

▶ 叩心自问

1. 谈谈你是如何使用共享单车的？
2. 你对如何加强共享单车的管理有什么建议？

名人名言

即使是最强者也决不会强得足以永远做主人，除非他把自己的强力转化为权力，把服从转化为义务。

——卢梭

除了永远履行自己的义务这个权利外，谁也没有其他权利。

——孔德

案例二

追讨"250元"的公道

南宁市民谢宗良花了13年的时间，维护自己正当的法律权利，给当地法院上了一堂生动的法治课。

事情并不复杂，1999年，谢宗良被狗咬伤，经法院判决，狗主人应当赔付谢宗良医药费和误工费。因为对方迟迟不肯执行，2001年，谢宗良向原邕宁县法院执行局垫付了250元强制执行费，申请强制执行。

没想到，好不容易拿到了狗主人的赔偿，谢宗良垫付的250元却拿不回来了。法院执行局，那可是专管"赖账"的法律部门呀。

堂堂法院执行局，当然不可能贪图区区250元，不过，也似乎正是因为只是一笔小钱，才无法唤起办事人员的热情和有关领导的重视。讨债的头三年里，谢宗良得到的回复永远都是：已经向领导汇报。然后，就没有然后了。

谢宗良较上真儿了，他非要讨回这250元不可，不为别的，"就为讨一个公道"。这不，又过了九年，昔日的邕宁县已经撤县分区，他追讨的对象变成了邕宁区人民法院。事情终于有了进展，邕宁区人民法院经法律程序调取了谢宗良那部已经封存多年的案件卷宗，经过合议庭合议后，终于退还了这笔执行费。

用13年的时间追讨250元钱，着实是件不划算的事情，不过，若不是他近乎偏执的维权，高高在上的法院，怎会俯下身来，去完成这件"微不足道"的分内之事？

应当感谢谢宗良，他提醒了人们，不该轻易让步自身的权益；更教育了执法者，法治社会，事无大小。公民权利神圣不容侵犯！

（参考资料：《中国青年报》，张莹，2014年9月24日第9版）

笔记区

笔记区

 有感而发

这个案件标的虽小，但内容却很丰富，我们可以通过思考寻找到许多闪光的思想与精神。

1. 法律是神圣的

区区 250 元钱，钱虽少，但也是公民的财产，理应受到法律的保护，不然法律就是一纸空文。可庆幸的是"邕宁区人民法院经法律程序调取了谢宗良那部已经封存多年的案件卷宗，经过合议庭合议后，终于退还了这笔执行费"。钱虽少，时间也拖得很长，但法律的尊严最终得到了保护。

2. 法治意识亟须加强

法院执行局作为一个法律部门，虽不是存心要"赖账"，但却可以说法治意识不强。"讨债的头三年里，谢宗良得到的回复永远都是：已经向领导汇报。然后，就没有然后了"。字里行间表露的是对领导的敬重，而缺少了对法律的敬畏。

3. 法律面前事无大小

人人生而平等，事无大小，在尊严和权利上一律平等。国家以人权为本，主权服务于人权，主权维护人权。用 13 年的时间追讨 250 元钱，在经济上无论怎么看都是极不划算的；但从尊重和保障人权方面来看，他提醒人们，对自身的权益不该轻易让步，要用法律"讨回公道"。

人们都期盼一个理想的和谐社会，这就需要我们共同维护法律的尊严，在这一点上，每个人都应担负起自己的社会责任和使命。

4. 公民的神圣权利不可侵犯

谢宗良是一个坚定地信仰法律的守法者，他敢于将法院作为追讨对象，是个无畏的勇者，一个敢于守护自己正当利益，挑战权威的勇者。他的勇气来自于法律：公民的神圣权利不可侵犯。

▶ 叩心自问

1. 从本案例中你学到了什么？
2. 你认为用 13 年的时间追讨 250 元钱值吗？

名人名言

法律的真谛，就是没有绝对的自由，更没有绝对的平等。

——郭道晖

法律的制定是为了保证每一个人自由发挥自己的才能，而不是为了束缚他的才能，法律的力量仅限于禁止每一个人损害别人的权利，而不禁止他行使自己的权利。

——罗伯斯比尔

案例三

校园恩爱需有度

近日,在安徽工业大学东区的女生宿舍楼前,一封毛笔手写且字迹娟秀的《致恋爱中的女孩》的"海报"格外引人注意。

"首先恭喜你找到一个愿意呵护你的人,但需要指出的是,有些女孩太过得意,直把公寓当公园,就在C、D栋门前大秀恩爱,看似羡煞旁人,实则笑煞旁人……"针对校园情侣的"腻歪"行为,宿管阿姨有点看不过去了,于是安徽工业大学的王阿姨就贴出了"劝诫书"。

王阿姨自己是学校东区C、D栋女生宿舍楼的管理员,平时帮学生拿快递打扫楼道卫生,常能见到校园情侣间过分的亲密行为。她坦言,原本也不想通过贴海报的方式来劝诫,但"随口劝说"的作用微乎甚微。

贴出第一封"劝诫书"后,虽然王阿姨"劝低调"的行为收获了多数人的理解,但也有女生说自己是成年人,恋爱学校"管不着"。于是,王阿姨有些坐不住了。

"俺不是你的 fans,却要每天瞅你上演的'少儿不宜',坏了心情不说还毁了兴致……"继《致恋爱中的女孩》引起一阵风波后,升级版的《你是成人没错》让事件再次发酵。

随后又画了11幅漫画反映学校不文明现象,其中一张名为《学生公寓?爱情公寓?》的漫画引起的争议最大。

在画中,王阿姨用幽默的方式,表现了对校园情侣旁若无人秀恩爱的抗议:画的正中央是在女生公寓楼前卿卿我我的大学生。旁边一棵大树上的鸟妈妈则赶紧伸出双翅遮住小鸟们的眼睛,说道:"快闭眼,孩子们!"

"漫画中反映的问题,不是针对某个学生或某些学校,而是现在高校里的通病。"王阿姨说,希望这种幽默风趣的方式,既不会让同学太尴尬,又能提醒他们注意自己的行为。

对于王阿姨的"劝低调"行为,不少学生给出了赞。该校机电学院大二的学生吴凡介绍说,因这个"劝诫书",最近校园内的"腻歪"之风的确有好转。

(参考资料:徽商网)

 有感而发

"秀恩爱"必须注意场合和"尺度"。

校园是公共场合不是私人场所,人们的行为举止必须遵守相应的公共礼仪,如:举止礼仪忌姿势歪斜、男女过分亲热等。恋爱中的男女恩

笔记区

爱甜蜜，牵手、拥抱本是情感的自然流露，也属人之常情。而在公共场合大尺度亲热，这不仅是不雅之举，也影响了他人正常的生活与学习，有违社会公德，其结果必然招致人们的厌恶和抵触。

"恩爱过度"也是违法。

我国宪法明文规定：中国公民必须履行遵守公共秩序，尊重社会公德的法律义务。2015年4月两名来自内地的香港大学生路边亲热事件中，当事人分别被以有违公德罪起诉。

另据中国日报网报道：广西贺州市平桂公安分局鹅塘派出所曾接到女青年李某报称，其前男友陈某用散发其裸照来威胁她不要分手，不然就得给"分手费"。接到报案后，民警迅速将陈某传唤到案，并请女青年前来说明具体情况。经询问了解，这对恋人是半年前开始交往，后因李某觉得感情不和等原因提出分手。陈某为求恋情复合，便威胁要将以往与李某恩爱时拍下的裸照泄露出去，以此让女友回心转意或得到"分手费"。

民警调查发现，陈某的目的是想与李某和好，只是口头威胁并不打算把裸照外泄。于是，对此事进行调解处理：陈某当着民警及李某的面删除了裸照，并写下再不以任何理由纠缠李某的保证书。李某则不再追究陈某的责任。

警方特别提示，恩爱中的青年男女，要把握"亲密无间"的度，守护好自己的隐私，以免给自己带来一些不必要的麻烦和伤害。

"恩爱"有界也有度。

在大学的校园里，恋人之间举止适度、合乎礼仪不仅是对公共秩序的遵守，更是社会公德的体现。

同时，恋爱中的大学生也要以学业、事业为重，鲁迅很早就以亲身经历告诉我们，只有拥有了面包的爱情才能走到最后，"两情若是久长时，又岂在朝朝暮暮"。所以，在大学的校园里，恩爱要有界，狂热的爱情总是不会持久的。

▶ 叩心自问

1. 你是如何看待大学生恋爱的？
2. 公民如何履行尊重社会公德的义务？

名人名言

公民的基本权利和义务是宪法的核心内容，宪法是每个公民享有权利、履行义务的根本保证。

——习近平

义务产生权利，而不是权利产生义务。

——夏多布里昂

感动体验:"我是中国公民"宣誓仪式

【活动目的】

(1) 通过体验感受宪法的崇高地位,树立对宪法的敬畏感。

(2) 通过活动增强大学生中国公民的自豪感。

(3) 通过体验增强权利和义务观念,做到正确行使权利,认真履行义务,不做违反法律的事。

【活动准备】

(1) 音乐《中华人民共和国国歌》。

(2) 中华人民共和国国旗一面。

(3) 视频《新当选的国家主席、中央军委主席习近平进行宪法宣誓》。

(4)《中国公民宣誓词》一份。

(5) 参加人员着正装。

(6) 助教2名。

【活动过程】

(1) 观看《新当选的国家主席、中央军委主席习近平宪法宣誓》视频……

(2) 指导教师课程导语(参考):

教师面带微笑走上讲台,问同学们说:十三届全国人民代表大会共选出2980名人民代表,其中有一位全票当选的候选人,大家知道他是谁吗?

对,是习近平。

3月17日上午,十三届全国人大一次会议第五次全体会议上,习近平同志又全票当选为国家主席、中央军委主席。当时的现场响起了雷鸣般的掌声,这是人民拥护和爱戴领袖最真挚的表现。

刚才,我们观看了习近平当选后在宪法宣誓仪式上,用庄严简洁、掷地有声的铮铮誓言,回应了全党全军全国各族人民的高度信任和殷切期盼,也彰显了领袖的责任担当。这是我国历史上第一位进行宪法宣誓的共和国领导人。

作为新时代的大学生,我们也应当承担起历史所赋予我们的使命,在实现两个一百年的奋斗目标中建功立业,创造自己的人生价值,让青春无悔……

因此,我们要牢记习总书记的谆谆教导:"年轻人在学校要心无旁骛,学成文武艺,报效祖国和人民,报效中华民族。同学们好好学吧!"

(3) 引出主题——"我是中国公民"宣誓活动。

笔记区

笔记区

程序：
① 全体起立，奏唱中华人民共和国国歌；
② 面对国旗由老师领誓："我是中华人民共和国公民，我庄严宣誓，忠于我的祖国和人民，遵守宪法和法律，履行公民的责任和义务，践行社会主义核心价值观，做一名爱国、敬业、诚信、友善、守法、知礼的中国公民。"宣誓人：×××

感悟分享

（背景音乐）
指导教师体验活动感悟分享提示语（略）。
（1）宪法赋予公民的权利是什么？
（2）宪法规定公民必须承担的义务是什么？
（3）通过本次体验活动，你有哪些收获？
小组分享：学生以各小组为单位进行感受分享。
大组分享：由各小组推荐或自荐一名同学上台进行感受分享。

亲历感言（学生填写）
1.
2.
3.

活动点评（老师填写）
1.
2.
3.

感恩结语

（背景音乐）
刚才，同学们分享了参加《"我是中国公民"宣誓仪式》体验活动带给自己的感受、感悟，老师感到很欣慰！通过此次活动，大家增强了作为中国公民的自尊心和自豪感，深刻认识到了作为中国公民必须承担的责任和义务，感谢同学们的分享，谢谢你们！

名人名言

宪法只有不断适应新形势、吸纳新经验、确认新成果，才能具有持久生命力。

——习近平

那些永恒的、公正的法律是我们行动的准则和与生俱来的权利。

——伯克

感奋践行

一、书面作业（二选一）

（1）大学生应当如何履行法律义务？

（2）结合实际谈谈公民的权利与义务之间的关系？

二、行动项目

根据本模块内容，结合学生日常教育管理要求，提出一项具体行动目标，下次课进行大组分享。

相关链接

链接一

中华人民共和国宪法（节选）

（1982年12月4日第五届全国人民代表大会第五次会议通过 1982年12月4日全国人民代表大会公告公布施行 根据1988年4月12日第七届全国人民代表大会第一次会议通过的《中华人民共和国宪法修正案》、1993年3月29日第八届全国人民代表大会第一次会议通过的《中华人民共和国宪法修正案》、1999年3月15日第九届全国人民代表大会第二次会议通过的《中华人民共和国宪法修正案》、2004年3月14日第十届全国人民代表大会第二次会议通过的《中华人民共和国宪法修正案》和2018年3月11日第十三届全国人民代表大会第一次会议通过的《中华人民共和国宪法修正案》修正）

序　言

中国是世界上历史最悠久的国家之一。中国各族人民共同创造了光辉灿烂的文化，具有光荣的革命传统。

一八四〇年以后，封建的中国逐渐变成半殖民地、半封建的国家。中国人民为国家独立、民族解放和民主自由进行了前仆后继的英勇奋斗。

二十世纪，中国发生了翻天覆地的伟大历史变革。

一九一一年孙中山先生领导的辛亥革命，废除了封建帝制，创立了中华民国。但是，中国人民反对帝国主义和封建主义的历史任务还没有完成。

一九四九年，以毛泽东主席为领袖的中国共产党领导中国各族人民，在经历了长期的艰难曲折的武装斗争和其他形式的斗争以后，终于推翻

笔记区

了帝国主义、封建主义和官僚资本主义的统治，取得了新民主主义革命的伟大胜利，建立了中华人民共和国。从此，中国人民掌握了国家的权力，成为国家的主人。

中华人民共和国成立以后，我国社会逐步实现了由新民主主义到社会主义的过渡。生产资料私有制的社会主义改造已经完成，人剥削人的制度已经消灭，社会主义制度已经确立。工人阶级领导的、以工农联盟为基础的人民民主专政，实质上即无产阶级专政，得到巩固和发展。中国人民和中国人民解放军战胜了帝国主义、霸权主义的侵略、破坏和武装挑衅，维护了国家的独立和安全，增强了国防。经济建设取得了重大的成就，独立的、比较完整的社会主义工业体系已经基本形成，农业生产显著提高。教育、科学、文化等事业有了很大的发展，社会主义思想教育取得了明显的成效。广大人民的生活有了较大的改善。

中国新民主主义革命的胜利和社会主义事业的成就，是中国共产党领导中国各族人民，在马克思列宁主义、毛泽东思想的指引下，坚持真理，修正错误，战胜许多艰难险阻而取得的。我国将长期处于社会主义初级阶段。国家的根本任务是，沿着中国特色社会主义道路，集中力量进行社会主义现代化建设。中国各族人民将继续在中国共产党领导下，在马克思列宁主义、毛泽东思想、邓小平理论、"三个代表"重要思想、科学发展观、习近平新时代中国特色社会主义思想指引下，坚持人民民主专政，坚持社会主义道路，坚持改革开放，不断完善社会主义的各项制度，发展社会主义市场经济，发展社会主义民主，健全社会主义法治，贯彻新发展理念，自力更生，艰苦奋斗，逐步实现工业、农业、国防和科学技术的现代化，推动物质文明、政治文明、精神文明、社会文明、生态文明协调发展，把我国建设成为富强民主文明和谐美丽的社会主义现代化强国，实现中华民族伟大复兴。

在我国，剥削阶级作为阶级已经消灭，但是阶级斗争还将在一定范围内长期存在。中国人民对敌视和破坏我国社会主义制度的国内外的敌对势力和敌对分子，必须进行斗争。

台湾是中华人民共和国的神圣领土的一部分。完成统一祖国的大业是包括台湾同胞在内的全中国人民的神圣职责。

社会主义的建设事业必须依靠工人、农民和知识分子，团结一切可以团结的力量。在长期的革命、建设、改革过程中，已经结成由中国共产党领导的，有各民主党派和各人民团体参加的，包括全体社会主义劳动者、社会主义事业的建设者、拥护社会主义的爱国者、拥护祖国统一和致力于中华民族伟大复兴的爱国者的广泛的爱国统一战线，这个统一战线将继续巩固和发展。中国人民政治协商会议是有广泛代表性的统一战线组织，过去发挥了重要的历史作用，今后在国家政治生活、社会生活和对外友好活动中，在进行社会主义现代化建设、维护国家的统一和团结的斗争中，将进一步发挥它的重要作用。中国共产党领导的多党合作和政治协商制度将长期存在和发展。

中华人民共和国是全国各族人民共同缔造的统一的多民族国家。平等团结互助和谐的社会主义民族关系已经确立，并将继续加强。在维护民族团结的斗争中，要反对大民族主义，主要是大汉族主义，也要反对地方民族主义。国家尽一切努力，促进全国各民族的共同繁荣。

中国革命、建设、改革的成就是同世界人民的支持分不开的。中国的前途是同世界的前途紧密地联系在一起的。中国坚持独立自主的对外政策，坚持互相尊重主权和领土完整、互不侵犯、互不干涉内政、平等互利、和平共处的五项原则，坚持和平发展道路，坚持互利共赢开放战略，发展同各国的外交关系和经济、文化交流，推动构建人类命运共同体；坚持反对帝国主义、霸权主义、殖民主义，加强同世界各国人民的团结，支持被压迫民族和发展中国家争取和维护民族独立、发展民族经济的正义斗争，为维护世界和平和促进人类进步事业而努力。

本宪法以法律的形式确认了中国各族人民奋斗的成果，规定了国家的根本制度和根本任务，是国家的根本法，具有最高的法律效力。全国各族人民、一切国家机关和武装力量、各政党和各社会团体、各企业事业组织，都必须以宪法为根本的活动准则，并且负有维护宪法尊严、保证宪法实施的职责。

第二章　公民的基本权利和义务

第三十三条　凡具有中华人民共和国国籍的人都是中华人民共和国公民。

中华人民共和国公民在法律面前一律平等。

国家尊重和保障人权。

任何公民享有宪法和法律规定的权利，同时必须履行宪法和法律规定的义务。

第三十四条　中华人民共和国年满十八周岁的公民，不分民族、种族、性别、职业、家庭出身、宗教信仰、教育程度、财产状况、居住期限，都有选举权和被选举权；但是依照法律被剥夺政治权利的人除外。

第三十五条　中华人民共和国公民有言论、出版、集会、结社、游行、示威的自由。

第三十六条　中华人民共和国公民有宗教信仰自由。

笔记区

  任何国家机关、社会团体和个人不得强制公民信仰宗教或者不信仰宗教，不得歧视信仰宗教的公民和不信仰宗教的公民。

  国家保护正常的宗教活动。任何人不得利用宗教进行破坏社会秩序、损害公民身体健康、妨碍国家教育制度的活动。

  宗教团体和宗教事务不受外国势力的支配。

  第三十七条 中华人民共和国公民的人身自由不受侵犯。

  任何公民，非经人民检察院批准或者决定或者人民法院决定，并由公安机关执行，不受逮捕。

  禁止非法拘禁和以其他方法非法剥夺或者限制公民的人身自由，禁止非法搜查公民的身体。

  第三十八条 中华人民共和国公民的人格尊严不受侵犯。禁止用任何方法对公民进行侮辱、诽谤和诬告陷害。

  第三十九条 中华人民共和国公民的住宅不受侵犯。禁止非法搜查或者非法侵入公民的住宅。

  第四十条 中华人民共和国公民的通信自由和通信秘密受法律的保护。除因国家安全或者追查刑事犯罪的需要，由公安机关或者检察机关依照法律规定的程序对通信进行检查外，任何组织或者个人不得以任何理由侵犯公民的通信自由和通信秘密。

  第四十一条 中华人民共和国公民对于任何国家机关和国家工作人员，有提出批评和建议的权利；对于任何国家机关和国家工作人员的违法失职行为，有向有关国家机关提出申诉、控告或者检举的权利，但是不得捏造或者歪曲事实进行诬告陷害。

  对于公民的申诉、控告或者检举，有关国家机关必须查清事实，负责处理。任何人不得压制和打击报复。

  由于国家机关和国家工作人员侵犯公民权利而受到损失的人，有依照法律规定取得赔偿的权利。

  第四十二条 中华人民共和国公民有劳动的权利和义务。

  国家通过各种途径，创造劳动就业条件，加强劳动保护，改善劳动条件，并在发展生产的基础上，提高劳动报酬和福利待遇。

  劳动是一切有劳动能力的公民的光荣职责。国有企业和城乡集体经济组织的劳动者都应当以国家主人翁的态度对待自己的劳动。国家提倡社会主义劳动竞赛，奖励劳动模范和先进工作者。国家提倡公民从事义务劳动。

  国家对就业前的公民进行必要的劳动就业训练。

  第四十三条 中华人民共和国劳动者有休息的权利。

  国家发展劳动者休息和休养的设施，规定职工的工作时间和休假制度。

  第四十四条 国家依照法律规定实行企业事业组织的职工和国家机

关工作人员的退休制度。退休人员的生活受到国家和社会的保障。

第四十五条 中华人民共和国公民在年老、疾病或者丧失劳动能力的情况下,有从国家和社会获得物质帮助的权利。国家发展为公民享受这些权利所需要的社会保险、社会救济和医疗卫生事业。

国家和社会保障残废军人的生活,抚恤烈士家属,优待军人家属。

国家和社会帮助安排盲、聋、哑和其他有残疾的公民的劳动、生活和教育。

第四十六条 中华人民共和国公民有受教育的权利和义务。

国家培养青年、少年、儿童在品德、智力、体质等方面全面发展。

第四十七条 中华人民共和国公民有进行科学研究、文学艺术创作和其他文化活动的自由。国家对于从事教育、科学、技术、文学、艺术和其他文化事业的公民的有益于人民的创造性工作,给以鼓励和帮助。

第四十八条 中华人民共和国妇女在政治的、经济的、文化的、社会的和家庭的生活等各方面享有同男子平等的权利。

国家保护妇女的权利和利益,实行男女同工同酬,培养和选拔妇女干部。

第四十九条 婚姻、家庭、母亲和儿童受国家的保护。

夫妻双方有实行计划生育的义务。

父母有抚养教育未成年子女的义务,成年子女有赡养扶助父母的义务。

禁止破坏婚姻自由,禁止虐待老人、妇女和儿童。

第五十条 中华人民共和国保护华侨的正当的权利和利益,保护归侨和侨眷的合法的权利和利益。

第五十一条 中华人民共和国公民在行使自由和权利的时候,不得损害国家的、社会的、集体的利益和其他公民的合法的自由和权利。

第五十二条 中华人民共和国公民有维护国家统一和全国各民族团结的义务。

第五十三条 中华人民共和国公民必须遵守宪法和法律,保守国家秘密,爱护公共财产,遵守劳动纪律,遵守公共秩序,尊重社会公德。

第五十四条 中华人民共和国公民有维护祖国的安全、荣誉和利益的义务,不得有危害祖国的安全、荣誉和利益的行为。

第五十五条 保卫祖国、抵抗侵略是中华人民共和国每一个公民的神圣职责。

笔记区

笔记区

依照法律服兵役和参加民兵组织是中华人民共和国公民的光荣义务。

第五十六条 中华人民共和国公民有依照法律纳税的义务。

名人名言

法律的基本原则是：为人诚实，不损害他人，给予每个人他应得的部分。

——查士丁尼

自由就是做法律许可范围内的事情的权利。

——西塞罗

链接二

世界人权宣言

序　言

鉴于对人类家庭所有成员的固有尊严及其平等的和不移的权利的承认，乃是世界自由、正义与和平的基础，鉴于对人权的无视和侮蔑视已发展为野蛮暴行，这些暴行玷污了人类的良心，而一个人人享有言论和信仰自由并免予恐惧和匮乏的世界的来临，已被宣布为普通公民的最高愿望，鉴于为使人类不致迫不得已铤而走险对暴政和压迫进行反叛，有必要使人权受法治的保护，鉴于有必要促进各国间友好关系的发展，鉴于各联合国国家的公民已在联合国宪章中重申他们对基本人权、人格尊严和价值以及男女平等权利的信念，并决心促成较大自由中的社会进步和生活水平的改善，鉴于各会员国业已誓愿同联合国合作以促进对人权和基本自由的普遍尊重和遵行，鉴于对这些权利和自由的普遍了解对于这个誓愿的充分实现具有很大的重要性，因此现在，大会发布这一世界人权宣言，作为所有公民和所有国家努力实现的共同标准，以期每一个人和社会机构经常铭念本宣言，努力通过教诲和教育促进对权利和自由的尊重，并通过国家的和国际的渐进措施，使这些权利和自由在各会员国本身公民及在其管辖下领土的公民中得到普遍和有效的承认和遵行。

第一条

人人生而自由，在尊严和权利上一律平等。他们赋有理性和良心，并应以兄弟关系的精神相对待。

第二条

人人有资格享受本宣言所载的一切权利和自由，不分种族、肤色、性别、语言、宗教、政治或其他见解、国籍或社会出身、财产、出生或其他身份等任何区别。

并且不得因一人所属的国家或领土的政治的、行政的或者国际的地位之不同而有所区别，无论该领土是独立领土、托管领土、非自治领土或者处于其他任何主权受限制的情况之下。

第三条

人人有权享有生命、自由和人身安全。

第四条

任何人不得使为奴隶或奴役；一切形式的奴隶制度和奴隶买卖，均应予以禁止。

第五条

任何人不得加以酷刑，或施以残忍的、不人道的或侮辱性的待遇或刑罚。

第六条

人人在任何地方有权被承认在法律前的人格。

第七条

法律前人人平等，并有权享受法律的平等保护，不受任何歧视。人人有权享受平等保护，以免受违反本宣言的任何歧视行为以及煽动这种歧视的任何行为之害。

第八条

任何人当宪法或法律所赋予他的基本权利遭受侵害时，有权由合格的国家法庭对这种侵害行为作有效的补救。

第九条

任何人不得加以任意逮捕、拘禁或放逐。

第十条

人人完全平等地有权由一个独立而无偏倚的法庭进行公正的和公开的审讯，以确定他的权利和义务并判定对他提出的任何刑事指控。

第十一条

（一）凡受刑事控告者，在未经获得辩护上所需的一切保证的公开审判而依法证实有罪以前，有权被视为无罪。

（二）任何人的任何行为或不行为，在其发生时依国家法或国际法均不构成刑事罪者，不得被判为犯有刑事罪。刑罚不得重于犯罪时适用的法律规定。

第十二条

任何人的私生活、家庭、住宅和通信不得任意干涉，他的荣誉和名誉不得加以攻击。人人有权享受法律保护，以免受这种干涉或攻击。

第十三条

（一）人人在各国境内有权自由迁徙和居住。

（二）人人有权离开任何国家，包括其本国在内，并有权返回他的国家。

第十四条

（一）人人有权在其他国家寻求和享受庇护以避免迫害。

（二）在真正由于非政治性的罪行或违背联合国的宗旨和原则的行

笔记区

为而被起诉的情况下，不得援用此种权利。

第十五条

（一）人人有权享有国籍。

（二）任何人的国籍不得任意剥夺，亦不得否认其改变国籍的权利。

第十六条

（一）成年男女，不受种族、国籍或宗教的任何限制，有权婚嫁和成立家庭。他们在婚姻方面，在结婚期间和在解除婚约时，应有平等的权利。

（二）只有经配偶双方的自由的和完全的同意，才能缔婚。

（三）家庭是天然的和基本的社会单元，并应受社会和国家的保护。

第十七条

（一）人人得有单独的财产所有权以及同他人合有的所有权。

（二）任何人的财产不得任意剥夺。

第十八条

人人有思想、良心和宗教自由的权利；此项权利包括改变他的宗教或信仰的自由，以及单独或集体、公开或秘密地以教义、实践、礼拜和戒律表示他的宗教或信仰的自由。

第十九条

人人有权享有主张和发表意见的自由；此项权利包括持有主张而不受干涉的自由；和通过任何媒介和不论国界寻求、接受和传递消息和思想的自由。

第二十条

（一）人人有权享有和平集会和结社的自由。

（二）任何人不得迫使隶属于某一团体。

第二十一条

（一）人人有直接或通过自由选择的代表参与治理本国的权利。

（二）人人有平等机会参加本国公务的权利。

（三）人民的意志是政府权力的基础；这一意志应以定期和真正的选举予以表现，而选举应依据普遍和平等的投票权，并以不记名投票或相当的自由投票程序进行。

第二十二条

每个人、作为社会的一员，有权享受社会保障，并有权享受他的个人尊严和人格的自由发展所必需的经济、社会和文化方面各种权利的实现，这种实现是通过国家努力和国际合作并依照各国的组织和资源情况。

第二十三条

（一）人人有权工作、自由选择职业、享受公正和合适的工作条件并享受免于失业的保障。

（二）人人有同工同酬的权利，不受任何歧视。

（三）每一个工作的人，有权享受公正和合适的报酬，保证使他本人和家属有一个符合人的尊严的生活条件，必要时并辅以其他方式的社会保障。

（四）人人有为维护其利益而组织和参加工会的权利。

第二十四条

人人有享受休息和闲暇的权利，包括工作时间有合理限制和定期给薪休假的权利。

第二十五条

（一）人人有权享受为维持他本人和家属的健康和福利所需的生活水准，包括食物、衣着、住房、医疗和必要的社会服务；在遭到失业、疾病、残废、守寡、衰老或在其他不能控制的情况下丧失谋生能力时，有权享受保障。

（二）母亲和儿童有权享受特别照顾和协助。一切儿童，无论婚生或非婚生，都应享受同样的社会保护。

第二十六条

（一）人人都有受教育的权利，教育应当免费，至少在初级和基本阶段应如此。初级教育应属义务性质。技术和职业教育应普遍设立。高等教育应根据成绩而对一切人平等开放。

（二）教育的目的在于充分发展人的个性并加强对人权和基本自由的尊重。教育应促进各国、各种族或各宗教集团的了解、容忍和友谊，并应促进联合国维护和平的各项活动。

（三）父母对其子女所应受的教育的种类，有优先选择的权利。

第二十七条

（一）人人有权自由参加社会的文化生活，享受艺术，并分享科学进步及其产生的福利。

（二）人人对由于他所创作的任何科学、文学或艺术作品而产生的精神的和物质的利益，有享受保护的权利。

第二十八条

人人有权要求一种社会的和国际的秩序，在这种秩序中，本宣言所载的权利和自由能获得充分实现。

第二十九条

（一）人人对社会负有义务，因为只有在社会中他的个性才可能得到自由和充分的发展。

（二）人人在行使他的权利和自由时，只受法律所确定的限制，确定此种限制的唯一目的确在于保证对旁人的权利和自由给予应有的承认和尊重，并在一个民主的社会中适应道德、公共秩序和普遍福利的正当需要。

（三）这些权利和自由的行使，无论在任何情下均不得违背联合国的宗旨和原则。

笔记区

第三十条

本宣言的任何条文,不得解释为默许任何国家、集团或个人有权进行任何旨在破坏本宣言所载的任何权利和自由的活动或行为。

备注:1948年12月10日,在巴黎召开的联合国大会以第217 A（Ⅲ）号决议通过了《世界人权宣言》。八个国家弃权,但是没有一个国家反对。

附录：不一样的课堂

"感动课堂"传递正能量

通讯员　周小云　陈　芬

"这是我读书生涯中最特别的课堂。这个课堂中有互动游戏、有成长分享，有欢笑、有收获。在这里我看到同学们身上的闪光点，在这里我听到同学们各自成长的故事。在16周的课堂上，老师不仅教我们知识，更多的是教会我们怎么做人。"在江苏昆山硅湖职业技术学院的一堂体验式教学公开课上，2013级电子商务专业学生张娇用亲身经历告诉大家，学院体验式课堂的正能量感动了她，也改变了她。

"读懂学生，是育人的关键"。因为民办高职院校的学生往往被贴上不成功的标签，他们的身心常处于压抑、自卑状态，所以对这样的孩子实施高等教育，传统的精英式教育理念和模式显然不适合。为此，硅湖职院董事会要求，"学校以学生为本，对症下药，从养成、赏识教育入手，整合、放大各种教育资源，服务学生成长成才"。学院董事长史宝凤希望在尊重学生个性张扬的校园氛围中，学生能够耳濡目染，自觉养成独立思考和勇于创新的精神，培养勇于担当、崇尚荣誉的一代新人，把"爱国、敬业、诚信、友善"的社会主义核心价值观自觉落实在言行中。

借鉴国内外成功的教育培训经验，硅湖职院以提升社会主义核心价值观和幸福感为核心，探索实践具有高职特色的学生心理、人格教育与训练体系的体验式教学模式，形成特有的"感动课堂"，努力培养符合社会需要、具有健康人格的创业型复合人才。

体验式教学模式，重点在于"体"和"验"。经过3年多的努力，体验式教学建立起师生情感平等互动的课堂氛围，社会主义核心价值观"润物细无声"地融入学生的一言一行，课程改革取得初步成效。

首先，让学生自己去"体"，把课堂还给学生，无论是课前准备、课堂组织，还是课后评价都以学生为中心。课前，教师会为每个学生准备一个"身份证"——学生信息卡，方便学生在课堂上无障碍交流；课中，提倡让学生在"跳动的音符"上完成知识的吸收和情感的升华，背景音乐的加入既是一种良好学习氛围的营造，更是为学生情感体验助力；课后，不以分数论英雄，看重学生的提升和改变，以及在分组的团队中所做出的贡献。

笔记区

笔记区

其次，体验式教学模式落实在"验"上，即对学生吸收程度的检验上，而非教师的直接灌输量上。教师事先做好学生基础调查、教材整合以及授课内容重构的工作，设置每个主题或者模块，并且在每个模块结束后让学生参与分享，尤其是针对不同主题或模块所设置的活动环节，学生总会有自己不同的感知和体悟。

再次，将"体"和"验"融合提升，"体验"是为了让学生在难得的同学缘、室友缘、队友缘中去学会珍惜，珍惜团队的每一个队友，珍惜团队的每一份荣誉，欣赏和赞美每一个队友，感恩他们曾经为自己或者团队所做出的贡献，并且学会勇敢地为自己的错误承担责任，一点一点地改掉自己的缺点。一个学期下来，学生们在这样的氛围中学会感动，学会承担，也学会改变。

如今，体验式教学在硅湖职院深入人心，每位教职工都秉承着学院的教育理念贯彻教学：要让每个选择到这里读书的孩子，都能在文化素养和心理素质上得到很好的培养和提升，让他们重拾信心、发展自我优势、挖掘自身潜能、重燃成功希望，一生都走在助人的路上，缔造自己的幸福人生。

（参考资料：《中国教育报》2016年2月23日第8版）

思修课，可以"体验着"上
苏雁　李锦

大学思修课，被很多学生认为是"可有可无的课"，往往是老师台上讲，学生台下睡。但是江苏昆山硅湖职业技术学院的思修课，没人迟到、没人早退、没人旷课，是"最受学生欢迎的课"。这到底是怎样的思修课，能俘获全校学生的心……

日前，硅湖学院2014级《思想道德修养和法律基础》体验课结业，主题是"让爱延续永恒"。与一般的教室不同，这个300多平方米的大教室，没有桌椅、没有黑板，有的是大屏幕、大舞台、变化的灯光和音响。160名同学站成两排，其中一名同学被蒙上眼睛，在老师的搀扶下，慢慢从队伍中间走过。而每经过一位同学，蒙眼的同学都会被牵着手，在耳边被悄悄说一句赞美的话。

一路走下来，每个同学都会得到159句赞美，这些赞美把很多同学感动得不知所措，泪流满面。"这是我20年来接受赞美最多的课""以前习惯了被批评，从来没有被这么多人宠爱过""我要用全身心的爱，来迎接明天"……

"读懂学生，是育人的关键。"硅湖职业技术学院董事长史宝凤表示，民办高职的学生，往往被贴上不成功的标签，他们的身心常处于压抑、自卑状态。对这样的孩子实施高等教育，传统的精英式教育理念和模式显然不适合。"学校以生为本，对症下药，从养成、赏识教育入手，整合、放大各种教育资源，服务学生成长成才。"

为此，学校根据学生学情，进行教学改革，从 2012 年开始推行体验式教学。学院党委领导介绍说，体验式课堂由感性导言、情境营造、感受分享、点评总结、课后实践等环节组成，通过让学生参与团队活动，激发他们积极、健康的情感体验，从而对认知活动产生增力效能，使学习成为学生自觉、主动的行为。

学校专门成立了圆方圆教育研究中心，为思修课配备了"豪华"的师资阵容，11 位授课老师全部都是硕、博士共产党员。学校的"《思想道德修养和法律基础》体验式教学研究"还入选江苏省"十二五"教育教学改革立项课题。

主讲导师徐宏俊说，每学期，学院哲社中心的老师，都会根据教学大纲，以爱、感恩、责任为主线，把思修课分为十几个模块，包括感恩父母、准职业人、责任承担、信任与欣赏等主题，思修课已成为硅湖特有的"感动课堂"。目前培训的学生已超过 7 000 人。

对思修课，学生体会最深的就是"改变"。机电一体化专业的陈留同学比较害羞，不善言辞，但自从上了几次思修课后，他变得开朗、活泼起来，交到了很多知心朋友。建筑工程管理专业的朱星宇同学是思修课的"粉丝"，他说自己以前对什么事都比较冷漠，觉得对这个社会不能太真心，是思修课让他懂得了感恩、团队协作和真诚，教会他怎样生活和做人。

硅湖的思修课，改变的除了学生，还有家长和社会的满意度。2011 级机电系的张修成，毕业前在三一重机常熟产业园顶岗实习仅半年，就被公司录用为网络工程师，而他的同事全是本科及以上学历。每到毕业季，"踏实、好学、有创造力"的硅湖毕业生总被用人单位争抢，该校就业率连年在 97% 以上。

（参考资料：《光明日报》2014 年 7 月 21 日第 6 版）

在体验中感悟和提升
——昆山硅湖职业技术学院的一堂公开课

"亲爱的老爸老妈，很久没见到你们了，一直埋怨你们没时间陪我。最近，学校的思修课堂讲到了'爱'，让我想起那次摔断胳膊，你们半夜赶回家……所以，提笔写下有生以来给你们的第一封信！"一封《给爸爸妈妈的信》，让 1 536 名大一新生沉默了，也让 100 多位专程从各地赶来的家长、学校领导和企业嘉宾心生感动。

2012 年 12 月 29 日，江苏省昆山市硅湖职业技术学院，2012 级"思想道德修养与法律基础"体验式教学公开课举行。让学生有爱心、知感恩、乐助人、求改变，是老师要通过新型的"思想道德修养与法律基础"体验课，传授给学生们的最重要的知识。

笔记区

"茫茫人海，我来自哪里？茫茫人生，我现在何处？"一上场，导师杨智勇便向学生抛出了问题。伴随着课程的深入，同学们的心境也发生了变化。当一个性格内向、话都不怎么敢说的女孩，在舞台上大声唱起《甩葱歌》时，现场沸腾了；当一个曾经自暴自弃的问题女孩，讲完自己如何变自信、变自强，藏身后台的父母突然出现，全家人紧紧拥抱时，现场同学的眼角湿润了。

现场，导师李晶在台上高举自己的手，对同学们说："人们常说手掌上有生命线、事业线、爱情线，说这是命运。"然后，她攥紧拳头问："命运究竟在哪里？"学生齐刷刷地说："在自己手里！"这样的讲课没有说教，形象而深刻，句句打动人心。

学院党委领导表示，体验式教学就是要让学生通过参与活动，激发他们积极、健康的情感体验，从而对认知活动产生增力效能，使学习成为学生自觉、主动的行为。

每学期，硅湖职业技术学院的"思想道德修养与法律基础"都有13次体验课程，每次课都会与国家要求的教学大纲有机结合，形成一个主题模块，比如感恩父母、准职业人、团队合作、责任承担、信任与欣赏、改变成就未来以及把爱传出去等。导师陆晓娟介绍："每节课从视频、活动导入，到案例讲解，再到学生分享和导师总结，学生都会直接参与。体验课程让他们不再排斥思修课。"

（参考资料：中国教育新闻网 2013 年 1 月 8 日）

"改变成就未来"
——民办高校思想道德修养课转型

东方网 12 月 30 日消息：昨天下午，硅湖职业技术学院隆重举行 2012 级《思想道德修养与法律基础》体验班结业公开课，这是一堂有 1 536 名学生的超大课堂。专程从各地赶来的 40 多位学生家长以及苏州市和昆山市教育局领导、学院部分董事、有关部门负责人等也旁听了这堂别开生面的公开课。

近年来，随着经济转型升级以及生源竞争，民办高校面临严峻挑战。但硅湖职业技术学院董事会和领导班子却以非凡胆略和创新勇气，认为这是中国民办高等教育大调整、大发展的难得机遇，而品牌、声誉才是未来民办高校生存和发展的决定因素，倾注全力打造学院的软实力，借鉴国内外成功的教育培训经验，以提升社会主义核心价值观和幸福感为核心，自主研发了具有高职特色的学生心理、人格教育与训练体系和体验式教学模式，形成硅湖特有的"感动课堂"，努力培养真正符合社会需要的、具有健康人格的创业型复合人才，取得了显著的成效，收到广泛的好评和社会各界的关注。

课程中，8 位课程主讲导师以"改变成就未来"为主题，分别介绍了体验式教学改革的背景和意义，回顾总结了一学期来课程教学、体验和实践各环节的主要内容和成效。学生代表还上台分享了《给爸爸妈妈的一封信》、《我要改变》、《我的蜕变》等课程感受，表演了《风采展示》、手语《爸爸妈妈》和《甩葱歌》，学生们用质朴的语言和真情的表演，表达了发自内心的感悟和追求理想的决心。尤其当上台分享的霍筝同学与突然专程从浙江赶来的父母亲紧紧拥抱时，令所有在场的人无不感动不已，深切感受到了体验式教学的巨大魅力。

课上，茵梦湖集团董事长、硅湖学院创办人梁顺才博士还从美国特地赶到课程现场，为各班冠军团队的150多位同学颁奖，并寄语各位同学"事事追求第一，争创成功人生"。硅湖学院董事长、法定代表人史宝凤博士也即兴感言，她首先对远道而来的家长表示热烈欢迎和深深感谢。她说，硅湖学院董事会一直不忘肩负对社会、对学生以及家长的责任！让每一位到硅湖求学的学生无悔于自己的选择，都有积极的改变和心理、学业的成长，是每一位硅湖教师的神圣使命。她希望硅湖学子不仅要学习知识，更要懂得感恩，学会"施爱"，做传播爱的使者，这样才能提高自己的心理资本，提升自己的生命品质，缔造自己的幸福人生。

学生与家长相拥而泣

最后，史宝凤博士带领各位导师一起向全体学生和到场家长深深行礼，"感谢同学让我服务"，令公开课的气氛达到了高潮，同学们沉浸在感动和激情之中！《思想道德修养和法律基础》体验式教学结业典礼在《相亲相爱一家人》的歌声中圆满结业。许多同学兴奋地拥抱、合影留念。

机电一体化专业朱硕同学激动地说："思政课改变了无知的我，教

笔记区

会了我感恩,让我真正找回了自我,让我找到了人生的意义。真的不舍思政课堂就这么结束了,更让我不舍的是我们的老师,我们的学长,我们的家人。我会好好生活的!"

(参考资料:东方网)

后记：编者的话

本书曾作为《思想道德修养与法律基础体验式助学读本》，于2015年由浙江大学出版社出版。此次根据全国高校思想政治工作会议和党的十九大会议精神，并以教育部《新时代高校思想政治理论课教学工作基本要求》和《思想道德修养与法律基础（2018版）》为指导，结合"中国学生发展核心素养"体系的理论研究成果，重点突出"5G"特色，做了全面修订，可作为高校《思想道德修养与法律基础》等思想政治理论课教学的辅导书。

本书能得以顺利再版，非常感谢杨智勇、吴静梅、陈芬、周小云、陆晓娟、孙蕾、刘峰和魏伟这支全部由中国共产党党员组成的思政课程团队，多年来在教学理念上的不断探索和教学实践中的积极创新，包括在本教程编著中所给予的帮助和贡献。

特别感谢史宝凤董事长对思政课体验式改革一贯的关注、支持和指导，感谢范明书记在百忙中亲自为本书作序，这给了我们很大的精神鼓励！

囿于编者水平，书中定有许多不足之处，恳请各位同行和读者批评指正，并希望把使用过程中发现的问题及时反馈给我们，以便日后加以改进。

编　者
2018年6月